四季西雅图
——20种当地玩法

Enjoy Four Seattle Seasons
—— 20 Great Ways to Have Fun and Sightsee with the Locals

珍妮 著

中央广播电视大学出版社·北京

图书在版编目（CIP）数据

四季西雅图／珍妮著.—北京：中央广播电视大学出版社，
2015.6

ISBN 978 - 7 - 304 - 06220 - 0

Ⅰ.①四…　Ⅱ.①珍…　Ⅲ.①旅游指南—西雅图
Ⅳ.①K971.29

中国版本图书馆 CIP 数据核字（2015）第 000806 号

四季西雅图
SIJI XIYATU

珍妮　著

出版·发行：中央广播电视大学出版社
电话：营销中心 010 - 66490011　　　　总编室 010 - 68182524
网址：http://www.crtvup.com.cn
地址：北京市海淀区西四环中路 45 号　　邮编：100039
经销：新华书店北京发行所

策划统筹：郑　毅　　　　　　　　策划编辑：李　刚　赵　铮
责任编辑：郑　毅　　　　　　　　责任校对：黄秀明
责任印制：赵连生

印刷：北京盛通印刷有限责任公司
版本：2015 年 6 月第 1 版　　　　2015 年 6 月第 1 次印刷
开本：170mm×220mm　　　　　　印张：11.25　　字数：216 千字

书号：ISBN 978 - 7 - 304 - 06220 - 0
定价：36.00 元

目录 contents

行前准备

004　西雅图概览

013　计划你的旅行

017　西雅图的大众交通运输工具和观光局简介

春季的西雅图

028　经典玩法 1：华埠—国际区的春节庆祝活动

032　经典玩法 2：西雅图春天的花蕊

040　经典玩法 3：拜访艺术的殿堂和历史的遗迹

048　经典玩法 4：享受西雅图市中心的美食和夜生活

056　经典玩法 5：波音工厂和飞行博物馆

Seattle

夏季 的西雅图

060 　经典玩法 6：西雅图中心与太空针塔

066 　经典玩法 7：派克市场看飞鱼，海岸码头区看海

078 　经典玩法 8：到"宇宙的中心"看夏至游行和裸体单车骑士

086 　经典玩法 9：到联合湖看船屋

090 　经典玩法 10：骑单车游华盛顿湖畔

096 　经典玩法 11：到雷尼尔山和圣海伦火山健行踏青

100 　经典玩法 12：圣胡安岛赏鲸

秋季 的西雅图

104 　经典玩法 13：巴拉德的水闸和鱼梯

107 　经典玩法 14：《暮光之城》的吸血鬼爱情故事之城——福克斯

118 　经典玩法 15：微软园区和微软访客中心

120 　经典玩法 16：文化荟萃的节庆活动

126 　经典玩法 17：酒庄之旅和啤酒之旅

冬季 的西雅图

132　经典玩法 18：圣诞季到西雅图"血拼"

140　经典玩法 19：在静谧的冬夜下，欣赏西雅图的圣诞灯饰

148　经典玩法 20：白雪皑皑中的赏雪乐

番外 篇

152　西雅图人最爱的"血拼"地——波特兰

156　加拿大——温哥华和维多利亚港

160　适合拍西雅图夜景之地

163　到西雅图看球赛

164　西雅图的亲子旅游建议

165　到哪里买西雅图纪念品

Seattle

推荐序

西雅图值得一游的十大理由

理由 1 西雅图，旅行社规划不出的个性化旅游

　　西雅图有山有水，适合上山下海，符合各式各样的需求：男士们的各类难度高尔夫球场；女士们的便宜名牌购物商场；青少年和儿童们的各类飞行馆、博物馆、科技馆、历史馆、艺术馆、游乐场和自然保护区；适合情侣、新婚、老夫妇各种情调的风景地点；饕客的海产和山产，各种难易程度的登山路径。想试试你有多大胆量吗？跳伞、飞行、攀岩、划船、滑雪、泛舟、登顶等任君选择。都没有兴趣吗？随意在西雅图的任何角落坐着或走着都是种享受，最重要的，在西雅图不需要租车也可以玩得很尽兴。上面所列举的活动，乘坐西雅图公私营等大众运输工具都能够到达。西雅图是跳出旅行社、观光团，来美测试自己胆量的最方便城市。

　　Andy 常为西雅图的背包客提供精确的旅游信息，他的网站"Andy 的西雅图（Seattle）垃圾堆"和"美国西雅图信息中心"，几乎囊括所有西雅图的旅游讯息，是寻找西雅图旅游信息的最佳宝地。

理由 2 户外活动与生态观察的天堂

　　如果在全美要找一个地方居游，爱好户外活动和亲近自然的我，当然选依山傍海的西雅图。这座尺度刚好的"大"城，有城市的便利，也有小镇的悠闲。在这里，让我体会到生活真的可以依据四季而分。每年 4 月，总要在华盛顿大学和 Skagit Valley 去赴一场樱花与郁金香的春之飨宴。夏天，是上山健行、到湖上泛舟，以及出海寻找虎鲸踪影的好时节。当时序进入秋季，大地逐渐换上色彩鲜艳秋装时，西雅图近郊的溪流也上演一场大戏，是赏回乡繁殖的鲑鱼

Seattle

之时。冬季，大雪封山，跟着冷锋一道降临的，是来自北方的候鸟们。此时再访 Skagit Valley，会与雪鹅、号手天鹅和美国国鸟白头鹰相遇。不出西雅图，城中的湿地也是大群水鸟的过冬天堂。这一切，让这座在我生命中占有两年五个月时光的城市，留下刻骨铭心的爱恋，成为此生难忘的情人。

曾旅美八年的 Euphtw，在博客"蔚蓝手札"上以精致的照片和文字，为西雅图写下最美的一面。 *Euphtw*
想在西雅图找好吃的糕饼店，或是好看的自然景色，一定要到他的博客逛逛。

理由 3 来西雅图，听非主流音乐（*Indie music in Seattle*）

为什么要来西雅图？这儿多雨，不算大城市，没有都会的繁忙、热闹、方便，更没有太多的古迹可以缅怀历史。你问我，西雅图到底有什么特别的地方？我想了想说，吸引我的数不完，但西雅图听不完的非主流音乐，才是她不为外人所知的秘密。

Chop Suey、The Vera Project、Paramount Theatre、Triple Door、The Show Box、The Crocodile、Neumos、Marymoor Park 等，都是举办音乐会演唱会场所。再加上西雅图地区的一个特殊非营利音乐电台——KEXP（网址：www.kexp.org），因为没有广告，所以没有播放流行歌曲的压力，主播们能够自由发挥，让不少当地或非当地的非主流乐团有表演发挥的机会，让非主流音乐在这里有如主流音乐一样地蓬勃。年年举行的音乐盛会 Bumbershoot Music Festival 也介绍了不少好的乐团。而一东一西的唱片行（东 Silver Platter，西 Easy Street Record），坚守岗位地卖着你在别处找不到的音乐。

下次来西雅图，白天享受完了这儿的自然景观、品尝过了好咖啡……晚上，别忘去听场演唱会。

李时芬（Fin Lee）住在华盛顿湖东，她的博客"The state that I am in"记录湖东美丽的自然景观、家居生活，以及她到世界各地的旅游记录，更有好听的音乐、好看的艺术，与动人的故事。 *李时芬 Fin Lee*

理由 4 寻找一个蜕变

她就像一个从麻雀变凤凰的女人，原本静悄悄伫立在美国最西北的角落，除了一身绿油油供垦伐的林木之外，就是丰沛的渔产。那时，她还只是个不起眼的朴素小镇，1869年以后，才被正式认定为城市。转眼，时间过了近一百五十年，她的风华教众人倾倒，已俨然成为美国太平洋西北区最大的城市，如众所周知，是微软计算机（Microsoft）和星巴克咖啡（Starbucks）的"发源地"。

过去十几年来，西雅图屡被财经类杂志评选为"全美最佳居住地""最佳生活工作城市""全美公认生活质量最高的城市""全美最适合年轻人约会的十个城市之一"，甚至还当选"全美最具文化修养城市第一名"。

走访如此一个充满魅力、集各种头衔于一身的城市，是朝圣，也默默期许自己能拥有她那份蜕变……

黄彦琳的博客"黄彦琳的文字坊"，诉说旅居北美华府的人生、家庭与信仰。她的文字扎实、诚恳，不走哗众取宠的路线，有内容，也有感动。

理由 5 最有文化修养的美城

这里有老酋长不肯出卖的天空、有夜未眠的船屋、有阡陌纵横的郁金香花田、有终年积雪的雷尼尔山、有千帆聚集的海洋。比尔·盖茨在此建立微软王国、波音公司总部每年有万千游人参访、派克市场人潮百年不断、李小龙曾在这里打工并在此安息，此地也是鲑鱼踊跃回归的故乡。

1969年1月我负笈密苏里新闻学院，踏上美国领土的第一脚就是在西雅图。四分之一世纪后，全家由南加州驾车沿着太平洋北游，经旧金山、波特兰、西雅图、温哥华一直到加拿大的洛基山脉。去年更从这里乘邮轮远航阿拉斯加。

还有许多人和我一样，退休后在这里安享夕阳晚景，因为这里不但有属于年轻人的事业、人文，以及活泼的生活环境，也是连年被选为最有文化修养的

Seattle

美城。

Ellen Chou 雨僧在西雅图享受含饴弄孙之乐，她的博客"ellen s. chou 的博客"经营得有声有色，
充分显示她的文学造诣、在西雅图居住的快活，以及她在博客天地的好人缘。 *雨僧*

理由 6 西雅图——无垠空间的惊艳影像

我在西雅图撷取的影像有部分也许与您相似，是那熟悉浓厚的咖啡香、悠闲的港边船屋与丰富的文化活动。不过翻开相片日记，有一幕深刻烙印在角落。10 月那个蓝天浮云的午后，在一条前往西雅图市区的弯路小径，我索性不照当日行程行进，就心血来潮地跳下公交车，然后让灵感引领我往不为人知的小区探险去。

转弯处，我见到一大片如晚霞般火红的枫树任其叶片散落一地，真像上天剪了一地的红色色纸，随性洒落。那只是个不起眼的住宅区，但没料到却留下最深刻的印象。

西雅图取悦旅者的景色，在无垠的空间中是轻松自在的。没有虚伪华丽的包装，她本身的秀丽风光与多彩多姿的人文风情就能触动旅者的心境。原色原味的城市已如此精彩，其他更深入的西雅图艺术与当地情志就在作者的引导下，先在文字间品味徜徉吧！

从纽约火星客、伦敦火星客，到目前的博客"3B PENCIL"，她的笔名多变，就像她的人生和
旅游经历一样多变且精彩；她的文字创作，带来持续的惊奇和赞叹。 *three B. P.*

理由 7 最想去的亲子旅游景点

坐落于美加边境，东临雷尼尔山，西向太平洋的西雅图，有着得天独厚的地理位置，这样的环境造就了西雅图丰富的风土民情。

除了派克市场、太空针塔、船屋等耳熟能详的景点之外，自从拜读了网友"Jenny 曾在西雅图"的《西雅图宁要好山好水，也不要快速道路》一文后，

更是对这个美丽的城市多了一份敬意。试想，一个城市要有什么样多元又精彩的文化，才可以让当地居民选择环保的路？

立志每年都要带着孩子来一趟长途旅游的我们，因此将西雅图列为"最想去的亲子旅游景点"之一。

> Monkeyboy 在博客"睡美猴的城堡"流露出的好先生、好爸爸典范，让众女性对他的夫人小笼包羡慕不已。不过从小笼包的"夜归小筑"博客里，也能看出她对家庭的用心。这对夫妻的鹣鲽情深，以及对女儿所付出的耐心和智慧，是最好的榜样。
>
> *Monkey Boy* ☺

理由 8 *60 年代记忆中的西雅图夜未眠*

电影《西雅图夜未眠》，一个为了忘掉失去爱妻的悲伤，而搬迁至西雅图所勾勒出来的爱情故事。这一出经典美国梦，也成为许多五六年级学生对于浪漫期待的一种虚幻样版。

在 Jenny 所描述的西雅图世界中漫步游走，用灵敏的鼻子在 Jenny 的文字之间搜索着，深盼哪一天可以找到电影《西雅图夜未眠》所带给内心的触动。

一百多篇的文章，也代表着 Jenny 从不同的旅游景点、嘉年华活动、内心生活感受等角度切入，轻松带点风趣的笔调，搭配媒体报道难以深入的丰富照片，好像把整个西雅图以立体状呈现在读者面前。欣闻 Jenny 即将出书，这也代表着博客所呈现的西雅图世界，将从数字时代的平台中，换上传统纸本的风华，把西雅图再次包装献给不同层次的读者……

> JC鲜师的博客"山林中荒废的法律小屋"，为读者提供与日常生活息息相关的法律常识，十分受用。他的出书效率，更令人叹为观止。
>
> *钱世傑*

理由 9 去西雅图的市场走踏走踏

对我来说，哪里有我的朋友，哪里就是"值得一游的去处"。这次好友 Jenny 可给我出了个大难题，考我"西雅图值得一游的理由"。

Seattle

　　我对西雅图的认知很浅薄，总不好拿"有 Jenny 当西雅图导游"作为赖皮的条件，但去西雅图只看功夫巨星李小龙（李振藩）长眠之所，或电影《西雅图夜未眠》的多雨天气，还是去波音、西雅图咖啡等跨国企业总部，又觉得是一般的观光行程。

　　想起上次 Jenny 返台，带来一份派克市场公益年历当伴手礼，我才知道原来派克市场拥有百年历史，虽不卖派克钢笔，但因派克鱼铺得名，不只卖东西，每年还有猪儿大游行、公益金猪，让我这高雄的地主，只能带她去市场一路狂吃，颇为逊色。鲜活而有逸趣的"市场人生"，是我认为西雅图很值得消磨的去处。

郑佑璋有个长笔名——阿鲁巴终极摆烂一尾好宅猪，在博客"冷凉卡好的猪公会社（阿鲁巴的肤浅世界）"以诙谐戏谑的风格、深厚的中文造诣，犀利探讨时事与人生。

理由 10　湖光山色，泼墨烟云，如诗如画

　　无论你是不是仁者、智者，或是自命清高的骚人墨客，还是被人认为俗不可耐的贩夫走卒、升斗小民，只要你爱游山玩水，喜欢"仰视岩石松树，郁郁苍苍"，或是"祥云瑞气，氤氲瑷瑅罩周围，白云隐隐，绿水依依"，西雅图的山光水色，应该都不会让你失望。

　　我还没有机会一游西雅图，但我看过电影《西雅图夜未眠》、仔细研究过西雅图的空照图、一位很熟悉的大学教授来自西雅图，当然还读过 Jenny 的每一篇记述文章，也曾经打算到西雅图发展和定居。

　　大学时光在淡水度过，如果你也和我一样喜欢淡水的观音山和淡水河，那如诗如画的泼墨烟云，时而风狂雨骤，时而轻风小雨，西雅图的山和水，只会有过之而无不及。Jenny 是我的大学同学，也在淡水待了四年，想来住在西雅图对她而言是如鱼得水。世界首富比尔·盖茨选择的住家所在，西雅图的美妙是否在于有山和水，那就要请你详细阅读 Jenny 的这本书了。

时季常，旅居凤凰城。他在博客"思考者的网志"，分享教育观点和家庭、亲子经验，率直坦白，不粉饰太平。在评论台湾时事上，不流于俗套，也没有包袱，难怪他的博客点阅率极高。

西雅图，四季分明

　　因为一次商务旅行，我认识了一位来自西雅图的男士，后来他成了我的丈夫；也因为认识了他，我进而认识了西雅图，并迁居到西雅图，成为当地的居民；许多日常生活的观念和行为，也因受到影响而改变。在西雅图住了数年之后，我发现从网络上找到的有关西雅图的旅游介绍，仍属皮毛。在 2006 年的夏日，一个动念，我成立了个人的博客"珍妮曾（zēng）在西雅图"，一来介绍我所认识的西雅图，二来也让世界各地的亲朋好友们了解我在西雅图的生活。尽管从台湾到西雅图的班机，并不像到纽约或洛杉矶那么多，但我发现西雅图仍是许多朋友向往前来旅行的城市，因此这次有机会出版书籍，介绍西雅图，即竭尽所能，希望大家能在读完这本书之后，对西雅图有更清晰并深入的认识。

　　在全世界的眼中，西雅图是个阴雨绵绵的城市（其实西雅图的雨量还排不

华州的首府是奥林匹亚。照片为华州州政府（Washington State Tourism，Jim Poth 提供）

进全美前十名），似乎只有夏天才适合前来旅游。夏天适宜来西雅图固然是事实，但西雅图四季分明，许多旅游景点选在其他季节前来，反而会更好玩。本书的写法，便是将西雅图著名的旅游景点，以四季来分类。这些地点在一年四季皆可前来，但加入了季节的建议，希望让你对这些景点有新观点，也让你无论在什么季节来西雅图，都能玩得更尽兴。若是尚未决定来西雅图的时间，在阅读完本书的 20 种经典玩法之后，应该能帮助你决定适合的旅游时间；若是你已经决定好来西雅图的日期，在阅读本书时，可先阅读该季节所建议的旅游景点，再回头阅读其他景点，找出有兴趣的地方，就可以开始规划属于你自己的西雅图旅游路线了。

西雅图也是著名的环保意识浓厚的城市，政府鼓励居民乘坐公共交通工具，因此书中大多数景点是以西雅图市中心为主，或是从市中心出发，搭乘公共运输工具就能抵达。我并不期待这本书像旅游参考书，包罗万象，却毫无焦点，看完了还是不知道该如何游玩西雅图。我期待这本书提供的旅游建议，不仅有观光客向往的路线，也提供西雅图人喜爱的景点；不仅有旅游信息，也有西雅图的深入故事，使你来西雅图旅游之前，能够规划出属于自己的难忘之旅。

在此也感谢出版社，以及认真又有耐心的编辑群，透过辛劳的电邮往返沟通，才有本书的诞生。感谢世界各地的 10 位博主，慷慨为我执笔写序。感谢华州、西雅图与波特兰相关单位提供照片。谢谢我台湾的家人，他们总是最忠实的读者。此外，还要感谢一个爱旅行，也影响我甚多的人——他早上起床看报纸，一定先看运动版和旅游版；家中堆满了旅游杂志；他还梦想有一天能成为旅游作家，不过他的老婆倒是在这一点捷足先登了。当然，你们都一定猜到了那个人是谁。

Jenny

To Woodland Park Zoo
往 Woodland 公园动物园

Roy St

Mercer St

W Republican St
Republican St

W Harrison St.
Harrison St.

W Thomas St.
Thomas St

John St
John St

Seattle Center
西雅图中心

Experience
Music Project

Space Needle
太空针塔

1st Ave N
2nd Ave N
Queen Anne Ave N

Dexter Ave N
8th Ave N
9th Ave N
Aurora Ave N
5th Ave N
Taylor Ave N
6th Ave N

Westlake Ave N
Terry Ave N
Boren Ave N
Fairview Ave N
Minor Ave N

Broadway Ave

Denny Way

I-5

Elliott Avenue

Olympic Sculpture Park
奥林匹克雕刻公园

Pier 70

Pier 69

Pier 67

Pier 66

Pier 62&63

Seattle Aquarium
西雅图水族馆
Pier 59

Waterfront Park
海岸码头公园
Pier 57

Pier 56

Pier 54

Pier 52

WA State Ferry
华州渡轮

Pier 48

Elliott Bay
艾略特湾

Broad St
Clay St.
Cedar St.
Vine St
Wall St
Battery St
Bell St
Blanchard St
Lenora St
Western Ave
1st Ave
2nd Ave
3rd Ave
4th Ave
5th Ave
6th Ave
7th Ave
8th Ave
9th Ave

Virginia St
Stewart St
Olive Way
Howell St
Terry Ave
Minor Ave

Bus Terminal
公车地下车站起点

Convention Center
华州会议中心

Westlake Park
西湖公园

Steinbrueck Park
Steinbrueck公园

Pike Place Market
派克市场

Alaskan Way
Western Ave

Pine St
Pike St
Union St
University St
Seneca St
Spring St
Madison St
Marion St
Columbia St
Terrace

4th Ave
5th Ave
6th Ave
7th Ave
8th Ave
9th Ave
Boren Ave
Terry Ave
Minor Ave

Summit Ave
Boylston Ave

Cherry St
James St
Alder St

Jefferson St

西雅图市政府

Yesler Way

S Washington St
S Main St
S Jackson St
S King St
S Weller St
S Lane St

Pioneer Square
拓荒者广场

King St
Station Amtrak
金恩街站
Amtrak火车站
CenturyLink
Field
CenturyLink
美式足球场

Hing Hay Park
庆喜公园

Chinese
International
District
华埠国际区

1st Ave S
2nd Ave S
3rd Ave S
Occidental Ave S
Maynard Ave S
7th Ave S

S Dearborn St

Safeco Field
Safeco
棒球场

Royal Brougham Wy

99

Monorail Route
单轨电车路线

行前准备

Planing your Trip

　　只要朋友前来西雅图观光，在征询旅游意见时，我都会先询问停留的天数和想去的观光地点，然后写成一份简要的旅游计划，列出每日的旅游行程和所需时间。旅游计划能帮助你排订旅游重点的优先次序，让旅游有方向，也能玩得更尽兴。

  本书建议读者尽量预订市中心的酒店，交通较便利。若因预算的考虑，打算预订机场附近的酒店，要先考虑酒店与地铁站的距离，以免徒步之苦。

  在抵达西雅图所订酒店之后，可尽早到西雅图市中心索取观光地图、公交车路线表等观光资料，并到西雅图观光局的服务处询问或购买有兴趣的景点介绍，也顺便熟悉市中心的地形与环境。

  西雅图的节奏比起台北缓慢许多，因此你的旅游不要计划太满，以免为了赶行程而败兴。买份三明治和饮料到公园野餐，或是到咖啡店喝杯咖啡，体会慢生活的西雅图，也是一种惬意和享受。在西雅图注重礼节、随手做环保，你就是优质的观光客。

西雅图市政府大楼

行前准备

西雅图概览

　　华盛顿州（简称华州）位于美国西北隅，以美国国父乔治·华盛顿命名，也是美国唯一以总统的名字命名的州。华盛顿州与位于东部的美国首都"华盛顿特区"（Washington DC）在地理上东西对峙，也容易混淆。

　　华州西临太平洋，南方是俄勒冈州，北方则与加拿大的不列颠哥伦比亚（又称 BC 省）相邻，因此肩负美加边境的通关责任。尽管华州的首府是奥林匹亚（Olympia），不过华州最大的城市则为西雅图。华州的农产品中属樱桃、苹果最为有名。华州的酿酒工艺也十分成熟，位居全美第二，仅次于加州。

　　西雅图，夹在两块水域之间，西部是普吉特海湾（Puget Sound），东部则是淡水形成的湖——华盛顿湖（Lake Washington）。西雅图市建立于山丘起伏的地带，加上水气的润泽，让西雅图的气候相较于美国其他拥有大陆型气候的城市和缓不少；西雅图市区下雪的概率也比美国其他城市小许多。若以气温粗分西雅图的四季，我个人会将春季界定于 3 ～ 6 月，夏季则到 8 月底，秋季为 9 ～ 10 月；从 11 月到翌年 3 月的"日光节约时间"调整之前，即为冬季。

简史

在 1851 年 11 月，由白人亚瑟·丹尼（Arthur Denny）领军的一群移民，来到了一处叫做阿尔凯（Alki）的沙滩；1852 年 4 月，他们渡过艾略特湾，来到了西雅图当今的拓荒者广场（Pioneer Square），展开了西雅图的历史。

当然，丹尼并不是最早来到西雅图的移民，早在一万多年前，印第安人已从阿拉斯加移居至西雅图所在的普吉特海湾。在白人致力于开垦都市、发展经

奥林匹克雕刻公园

Seattle

Snoqualmie 瀑布（Washington State Tourism, Sunny Walter 提供）

济之际，印第安人传统的生存环境受到了影响和威胁。白人和印第安人为了拓张领域的战争，在美国的拓荒史上写满了悲伤的一页。

1853 年艾萨克·史蒂文斯（Isaac Stevens）担任这里的州长，他以各种威吓和武力的手段，逼迫印第安人签下条约，将土地卖给美国。1855 年，西雅图酋长（Chief Sealth）签下条约，让出土地，避免白人和印第安人之间的流血战争，西雅图也因此以这位酋长命名，之后因为一些口语误传，最后便成为了 Seattle(西雅图)。印第安人也因此得以拥有印第安保留区的土地，以及捕鱼的权利。在印第安人的保留区，印第安人以自己的方式自主生活，那里保留了印第安的文化，近二三十年来在保留区所经营的事业（例如渔业、赌场、烟草和烟火），不仅可以豁免部分税赋，更享有本地人工的优先聘用权，并且政府还将营业的所得利润，用于开设印第安学校和照顾族群的生活福利。

在此写个题外话：西雅图酋长最为人所知的，就是发表了一篇动人的环境保护宣言。其实这篇宣言是一位编剧在 1972 年为一部有关生态的电影写下的杰作，结果阴错阳差，成为了一个美丽的误会。1991 年，有一本记述了这一宣言的儿童读物《雄鹰哥哥，蓝天妹妹：西雅图酋长的信》（"Brother Eagle，Sister Sky: A Message From Chief Seattle"），在半年之内，竟热销二十八万册。但有趣的是，西雅图酋长的名字，原始的拼法并不是 Seattle，这一写法是为了迁就白人的发音。无论如何，西雅图酋长致力于让印第安人和白种人和平共存，被誉为美国西北部最伟大的印第安人，已是不争的事实；他的智慧和领导能力，也永存于历史。

现况

西雅图最早以木材经济为主，为旧金山地区提供木材；之后因为阿拉斯加和加拿大的育空地区（Yukon Territory）发现金矿，让西雅图成为这两个地区的淘金客转运城市和重要贸易供应站。在铁路运输系统发展之后，西雅图成为美国与北太平洋、亚洲之间的贸易转运枢纽；西雅图的人文种族，也在此时开始多元发展——欧洲、亚洲、非洲等各色人种，均被吸引来此工作赚钱；两次

在华盛顿植物园春季盛开的樱花树（Washington State Tourism，Levy Sheckler 提供）

Seattle

到 Sonqualmie Pass 滑雪，是西雅图人的冬季运动之一

世界大战，西雅图在运输方面，也贡献了自己的力量。波音公司从家具制造商转型为军用飞机制造厂，并于"二战"后拓展商用飞机，与美国著名的纸业品制造商美国惠妈纸业公司（Weyerhaeuser），成为西雅图经济命脉。1979 年微软迁移新墨西哥州的总部，让西雅图一跃成为高科技都市。贸易也仍是华州重要的经济来源，长荣海运、阳明海运、北京海运、中国海运的货柜，经常随着火车，出现在西雅图市区的平交道上。

由大西雅图地区发迹的产业，最著名的便是波音、微软和星巴克。还有哪些企业，是于西雅图发迹的吗？答案可能出乎你意料之外——优比速（UPS）、美国惠妈纸业公司、诺德斯特龙（Nordstrom）、好市多（Costco）、亚马逊网站（Amazon.com）、在日本十分有名气的塔利咖啡（Tully）、西雅图贝斯特咖啡（Seattle's Best Coffee，目前已属于星巴克咖啡的企业之一）、RealNetworks（多媒体网站）、drugstore.com（药妆网站）、Expedia（旅游网站）、Tommy Bahamas（服装店）、Eddie Bauer（休闲服装）、REI（露营和休闲活动设备）。其他在大西雅图地区设置总公司的企业，包括任天堂、Holland America Line（邮轮）、阿拉斯加航空等企业，还包括世界展望会的美国总部。

知名的歌手和乐手如投机者乐团（The Ventures）、昆西·琼斯（Quincy

Jones）、吉米·汉德里克斯（Jimi Hendrix）、肯尼·吉（Kenny G）、红心合唱团（Heart）、Death Cab for Cutie 均来自西雅图；低音吉他由西雅图人发明，而"油渍摇滚"（Grunge）的诞生之地，也是西雅图。因油渍摇滚而红遍各地的乐团和歌手，包括 Pearl Jam、Nirvana、Kurt Cobain、The Melvins、Mudhoney、The Sonics、Soundgarden。如今，西雅图已成为集科技、航空、建筑、休闲娱乐等产业于一身的城市。

西雅图市的姐妹市，目前已经超过二十个，包括中国的重庆、日本的神户、韩国的大田广域、新西兰的基督城、菲律宾的宿雾、法国的南特、意大利的佩鲁贾等。

根据估计，华州约有六百七十万人口，其中约有六成人口集中在大西雅图地区。西雅图市的居民则将近六十一万，以白种人最多，其次是亚裔（以华裔、菲律宾裔、日裔、越南裔为主），再次是非裔、西裔和其他种族。因为亚裔人口不少，加上华裔积极参与政治和小区运动（例如 1962 年当选西雅图市议员的陆荣昌，是首位在美国本土重大选举中当选的华人；骆家辉于 1997 年当选为华州的州长，是美国本土的首位华裔州长，2009 年出任美国首位华裔商务部长，更于 2011 年成为美国驻中国的首位华裔大使），所以西雅图人对于种族相当尊重，一旦有种族歧视的社会议题发生，不平之鸣的舆论一定会在西雅图形成。

西雅图的市花为大丽花（Dahlia），市鸟为大蓝灰鹭（Great White Heron）。

西雅图人极为喜爱休闲活动和体育活动，职业运动团体也不少，最著名的包括水手棒球（Mariners）、海鹰橄榄球（Seahawks）、Sounders 足球、Storm 女子篮球等。因为西雅图近水，所以市民也喜爱水上活动，从独木舟、帆船到游艇，都可在湖上或海上发现。无论春夏秋冬，在西雅图的道路上，永远有路跑者或单车骑士，西雅图的单车道也逐日增加，没有单车道的马路，车子不会朝着马路上的单车按喇叭。

西雅图也是美国教育程度最高的都市之一，大学程度以上的居民超过半数。

西雅图社区的圣诞灯饰

西雅图人极度依赖市区的无线网络，也嗜饮咖啡。西雅图人极为注重环保，在街道和公共场所，四处可见环保回收桶。西雅图市近年也积极发展更便利的公共运输网络，鼓励大众搭乘；到市中心上班的民众，也习惯使用大众交通工具，就连市长也骑单车上班，更不乏"单车市议员"；在市中心，满街跑的出租车并不多，但饭店附近的排班出租车，打电话叫车，都十分便利。

观察西雅图市区的上班族，你会发现不少人穿着美国西北特有的休闲式服装上班，而不是穿西装、打领带，但这不代表西雅图人没有礼貌。西雅图人说话轻声细语，不疾不徐；虽然生活在大都市中，但西雅图人的生活步调相当缓慢，也可以说，西雅图人重视"质量"更胜于"速度"。出入公共场合，常可发现有人会主动为女士或推着婴儿车的妈妈开门；搭公交车，常有男士让女士优先上车；搭电梯时，站在电梯按钮旁边的人，总会自动询问你要到哪一楼，然后帮忙按钮。

西雅图有很多富豪，特别是科技新贵，但他们不会以显露财富为傲，反而将自己的财富致力投入公益事业。西雅图人不仅热爱环保、热爱保护动物，也尊重种族和性取向。在西雅图，政府机关和许多企业，将同性恋员工的另一半纳入员工医疗保险和福利。西雅图人选择自己的生活步调，因此他们表现得悠雅、从容与自在。在西雅图，你——可以做自己！

饮食特色

美国的加州、俄勒冈州、华盛顿州、阿拉斯加州、夏威夷五州，西临太平洋，因此隶属于"环太平洋区"（Pacific Rim），从而也发展出特有的环太平洋美食（Pacific Rim Cuisine）——海鲜是重要的特色之一，食材讲究新鲜，使用各式香草和香料调味，诱发食材的鲜美滋味，而且深受亚太与热带岛屿的食物所影响，西雅图的美食因此融合了太平洋文化和异国风味。

犹记得我刚迁居到西雅图时，米食大量出现在西雅图的菜肴中，最令我印象深刻。另一方面，西雅图市民尊重种族的多元，所以各国的美食，在西雅图都不难找到，无论是到小区，或是购物中心的美食街，从汉堡、中式、日式、韩式料理到墨西哥菜，应有尽有。尽管西雅图市里各国美味餐厅林立，但是来到西雅图，尝尝地道的环太平洋美食，特别是海鲜，才算不虚此行。

西雅图四季概览

月份	3～5月	6～8月	9～11月	12～2月
平均温度	4～18℃	4～18℃	4～18℃	4～18℃
气候特色	春雨绵绵	昼长夜短，最长可到晚上十点才会天黑	多寒风、多云	降雨量最多
衣着重点	防雨又防寒的衣物	夏季衣物、薄长衫、长裤，风衣外套	毛衣、长裤，御寒大衣	长袖衣物、防雪的衣物、手套、围巾和毛帽

Seattle

到西雅图旅行要注意的礼节（etiquette）

✪ 出入公共场所，男士要礼让女士，并为女士开门。

✪ 与其他行人之间保持适度距离，不抢道，若需擦身而过，或是赶时间但行路被挡住，告知对方，待对方让出空间再通过。若对方未听到，可再次提示。

✪ 请教问题要先客气说"Excuse me"。问候语和致意用语如"Thanks""Have a nice day"，常挂嘴边。

✪ 上公交车不抢上抢下，男士礼让女士优先上车，车上禁烟，不能吃东西（可带饮料上车，但不能携带酒类饮料）。

✪ 公交车前门最前方的座位，要让给老弱妇孺以及使用轮椅者，以方便他们下车。若坐在老幼病残孕专座，见到老弱妇孺，要起立换到后方的位置。看到使用轮椅的人士上下车，要听从驾驶指挥（有时驾驶会要求其他乘客从后门上下车）。

✪ 路上禁止喝酒精类饮料，若购买酒类商品，要以不透明袋子装妥，避免外露。

✪ 西雅图室内禁烟，若想抽烟，必须离建筑物门或窗约7.6米以上（大概只能在大马路上抽烟）。

✪ 西雅图人注重环保，因此西雅图市立法禁用塑料袋，商家仅能提供纸袋。顾客购物时若需要袋子，须另外付费购买纸袋。因此外出时，携带折叠环保袋，方便携带。若有垃圾需要丢弃，也尽量环保回收。

✪ 若使用雨伞，在进到室内时，在门口先将伞面雨水抖去。若见到公共场所提供塑料袋装伞，便应将伞装入袋中。

✪ 美国的餐厅均收小费，10%～20%是标准，若服务极佳，可酌情增加，只有在服务真的非常不好的情况下，才可以考虑不给小费。到咖啡店买咖啡或简单的餐点，如果柜台有小费箱，可给零钱或小额美元。搭乘出租车的司机、为你清理饭店房间的清洁人员，也要给小费，特别是在旅游行程中，若认为导游十分尽责，行程结束时，更应该支付小费作为感谢。

✪ 出入餐厅或俱乐部，要事先问清楚着装，要穿着适当的衣着表现礼仪。

✪ 若自行开车，8岁以下或身高不足1.5米的儿童必须使用汽车安全坐椅，违者罚112美金。若要超过路旁执勤的警车时，如果无法在自己的车和警车间让出一个车道距离，超越警车时必须要减速，违者罚款248美金。

行前
准备 ✈

在联合湖划独木舟赏船屋，清凉又惬意

计划你的旅行

确认旅行的基本事项

    登机前必须事先确认行程计划和相应票据，例如机票、签证等。在班机方面，若以桃园国际机场为出发点，目前唯一的直飞班机为长荣航空，但并非每天都有班次，乃因应季节的不同，有所调整；至于以转机飞往西雅图的班机，包括美国联合航空（可由日本成田国际机场转机，也可飞至美国的旧金山

Seattle

转机）、达美航空（日本成田机场转机）、大韩航空或韩亚航空（于首尔转机），这些航空公司都会把行李直接挂到西雅图。由于票务的繁复，有些旅行社也许建议不同的航班，因此要向旅行社问清楚，是否需要在转机的机场提取行李换机；在航空公司的柜台报到之后，仍要与航空公司做最后的确认。

由于夏季是西雅图的旅游旺季，因此夏季的机票价格较高，旅馆的预订也满。此外，华州实施夏令时，所以班机时间也会因此而有所调整。建议先列出想去的地方，做好旅行计划——若只想在市区观光、购物，行李自然不需带得过多，以免所买的东西塞不下行李箱。若打算到高山观光，就要带上防寒的衣物。

计划想旅游的行程，并及早购买观光行程的票务

事先规划好想去的旅游景点可以帮你了解旅游的花费，为你的旅游做好预算，也能让你确实掌握行程。例如为自由行的观光客设计的城市通票/旅游通票（网址：citypass.com/seattle），可事先购买，并用打印机自行打印出电子票。若想看球赛，需要提前确认球队比赛场地，以及能否买到票。西雅图的职业运动团体的官方网站，均有购票方式的说明，也可打印出电子票。大多数的西雅图观光行程的门票，可到西雅图之后再购买，然而如果想到其他地点住宿（例如Mt. Rainier夏天的住宿非常热门），最好还是出发前上网买好行程。

准备适合的衣物和简单的药物

在出发之前一周，最好天天上网查询天气，以确认所准备的衣物符合需求。另外，也准备一两包的感冒药、头痛药；若会晕车、晕船，也建议携带适合的止晕药物。

寻找住宿地点

我个人向来建议朋友住在市中心区（downtown），一来这里的交通方便，二来购物之后也方便将物品带回旅馆。在市中心区，若预算不是问题，Four Seasons Hotel Seattle、Grand Hyatt Seattle、Hotel 1000是新开幕的饭店；而The Fairmont Olympic Hotel in Seattle充满了古典的精致与优雅的风情；唯一滨临海湾的饭店则是The Edgewater Hotel，是20世纪60年代"披头四合唱团"到西雅图时的住宿饭店。中价位的饭店包括The Westin Seattle Hotel、Sheraton Seattle Hotel、Alexis Hotel、Inn at the Market。较有名气的青年旅馆（hostel）为Green Tortoise Seattle Hostel（网址：greentortoise.net）、Hi-Seattle at the American Hotel（网址：hiusa.org/seattle），以及City Hostel Seattle（网址：hostelseattle.com）。至于市中心区的民宿（B & B），仅有Pensione Nichols（网址：pensionenichols.com），在夏季旅游旺季，经常很快就住满。

西雅图的观光局官方网站（网址：visitseattle.org），可依地理位置找到适合的住宿地点；而美国新闻与世界报道（U S News & World Report）的旅游网站（网址：travel.usnews.com）有很详细的旅馆名单，只要搜寻 Seattle，即可找到西雅图地区的各类旅馆；美国的网站旅行顾问（网址：tripadvisor.com）有网友对住宿饭店和旅馆的评论，是不错的参考数据，只要键入饭店或旅馆的名称，即可搜寻到网友的评论。

西塔国际机场

行前 ✈
准备

西雅图的大众交通运输工具和观光局简介

"西塔国际机场"

这个机场的正式名称是"西雅图-塔科玛国际机场",一般都简称"西塔国际机场"。在下机后,入关的方向并不难找,只要朝着"领取行李"(Baggage Claim)的方向前进,即可到达入境柜台。获准入境之后,旅客必须在领取行李后,接受海关检查。从下机到通关这段过程,时间冗长,也几乎找不到洗手间,因此可以用下机前的时间,整理仪容。

Seattle

旅客前往轻轨车站

　　一旦通过海关，行李必须重新送入输送带，并有专人帮忙将行李放入输送带中。此时，请务必告诉工作人员，你要到西雅图旅行，而非从西雅图转机到其他城市，否则你的行李可能就会送错地方。至于手提行李，旅客仍要自行携带，不能放入行李输送带。

　　接着，旅客即可搭乘电车，在"领取行李"这一站下车，领取行李离开。

　　在出发前，到西塔机场的网站（网址：www.portseattle.org/seatac）收集信息，可让出关更顺畅。

机场地铁与其他前往西雅图的大众交通工具

　　从西塔国际机场到西雅图市区，搭乘机场轻轨地铁（Light Rail）只需 40 分钟左右，方便又实惠，地铁上也有行李放置柜（但地铁车站没有洗手间）。轻轨地铁的车票有两种，都可在机场地铁站设立的自动售票机购买：一种是单次使用的车票；另一种是公交一卡通（网址：orcacard.com），类似台湾的"悠游卡"，可用来搭乘西雅图地区公交车、渡轮、轻轨地铁等七种大众交通系统（Community Transit、Everett Transit、King County Metro Transit、

Kitsap Transit、Pierce Transit、Sound Transit 公交车与火车，以及渡轮 Washington State Ferries）。若是使用现金购买单次使用的车票，一旦转车时，上了不同系统的公交车，就得另外再买一次车票。但公交一卡通以电子货币包（E-Purse）储值款项，

西雅图轻轨（Light Rail）

再依搭乘的区段多寡来扣款，经济效应较佳，也更为便利。

第一次购买公交一卡通，除了充值的票价之外，需另付卡费 5 美金。在买了票卡之后，即使没有立即使用，也要尽快做开卡的手续，即到刷票机刷一下票卡（英文叫做 tap），否则票卡无法使用。欲查询票卡剩余金额，可上网查询（网址：orcacard.com）。若想充值，可利用免付费电话（电话：1-888-988-6722）或网络储值，不过透过这两种方式充值，需 24 小时才能显示新的充值金额。最方便、迅速的方式，是到市中心的梅西百货（Macy's）和诺斯特百货（Nordstrom's）地下的公车站（Metro Terminal）购买，当场充值，充值金额立即生效。6～18 岁的学生或满 65 岁的银发族所使用的公交一卡通，也可在此购得，不过需出示印年龄的证明文件（例如护照）。

在 soundtransit.org 的网站上，有中文字幕的影片（键入搜寻字 orca videos 即可找到影片）说明公交一卡通使用和购买的方式。在西雅图，若遇到公交一卡通的使用问题，可于上班时间打免费电话（电话：1-800-823-9230），也提供华语询问。

从机场到饭店，还有接送到饭店门口的接驳车 (Shuttle Express)，以及行驶于市中心旅馆之间的机场巴士 (Airporter)，也有出租车排班。机场有专门的游客服务柜台（Visitor Information Center），可告知服务人员你所下榻的旅馆，请他们提供最方便的交通建议。你也可以在订旅馆时提前与对方联络，请他们提供建议。

Seattle

公交车和火车

西雅图市中心的公交系统主要以King County Metro Transit（网址：metro.kingcounty.gov）为主，另外有数个次要的公交车系统，还有火车（Sounder）和渡轮（Washington State Ferries）延伸大西雅图南北交通，这些大众交通系统，在公交一卡通的官方网站均有列出，每个公交系统也都有相应的公交路线图和时刻表，可供查询。

留意标志，就很容易找到轻轨和公车的车站入口

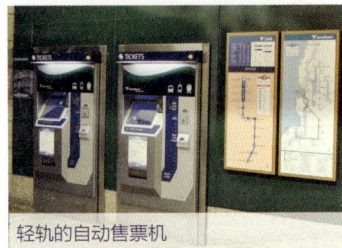

轻轨的自动售票机

除了市中心的平面道路有不少公交车路线之外，在西雅图市中心的梅西百货和诺斯特百货地下的Metro Terminal，也有不少主要公交车线路，还有一个顾客服务台，若有搭乘公交车的疑问，可于此处获得信息。顾客服务台也提供每条公交车路线的班次表，还有一些搭公交车的实用信息。在你抵达西雅图之后，建议你先来这里咨询一趟，因为在这里除了能买到所需的公交卡或车票之外，还可以拿齐所有的公交车班次表和地图。

Metro公交车的票价，0～5岁儿童免费；6～18岁应购买学生票，满65岁以上是银发族，价格十分优惠，除非已购买Orca储值卡，若仅购买单程车票，务必随身携带护照以证明年龄。票价可上网查询（网址：metro.kingcounty.gov）；成年人的票价，在乘车高峰时段（peak time，周一至五6：00～9：00和15：00～18：00）乘车至西雅图市之外，属于两段票（two zones），票价最高（请上网查询，网址：metro.kingcounty.gov）。周末和法定假日，公交车班次会减少；若冬季遇上市区下雪，公交车也可能会改道行驶，所以最好先上网查询公交车时间表，让出游的规划更顺利。

在市中心搭乘轻轨地铁和部分公交车，需至地下隧道（Downtown Seattle Transit Tunnel）搭乘。隧道开放时间为周一至六上午五点至凌晨一点，周日为上午六点至午夜十二点。隧道有五站——Convention Place Station（近华州会议中心）、Westlake Station（购物中心与百货公司）、University Street Station（近西雅图艺术博物馆和华州渡轮）、Pioneer Square Station（近Pioneer Square 和 Smith Tower）、International District Station（近华埠、Amtrak 火车站、Sounder Commuter Rail 火车、CenturyLink 橄榄球和足球场、Safeco 棒球场）。以上公交路线和地下隧道的地图，可从 Metro 网站取得。

　　目前轻轨地铁于地下隧道除了Convention Place Station不停站之外，其余四站均停靠。你的饭店若于市中心，从机场搭轻轨地铁到市中心，十分便利。尽管公交车和轻轨地铁同时行驶于地下隧道，但两者的车资是完全分开的。如果你在地下隧道搭公交车，上车时再刷卡（刷卡机在公交车门入口处）；但如果你从地下隧道搭地铁到其他地方，在上车之前，必须在隧道入口处的黄色刷卡机刷卡。西雅图的地铁入口，没有台北地铁那样的入口闸门，乘客都是上车前自动先到购票机买票，或是自行去刷卡。地铁车上常有查票官员，被查到没买票或刷卡的乘客，将缴付124美金的罚金。公交车上也可投现金，但须自备零钱，车上不找零。收费箱靠近司机座椅，箱子会立牌显示车资（尖峰时间，收费箱的牌子是黄色，非尖峰时间则是黑色）。

西雅图市中心的地下隧道车站

Seattle

若是上车投现，记得跟公交车驾驶索取一张转乘券（**Transfer**）。在数小时之内转搭公交车，凭该张转乘券，即不需再付车费。不过转乘券只能在 **Metro** 的公交车上使用，反观公交一卡通，就没有这种限制，可在 2 小时之内任意转乘其他系统的公交车，若转乘票价高于已付的车费，公交卡会自动补差额，若转乘票价低于已付的钱，公交卡不再额外扣款。

为了便利观光客使用大众地铁旅游，大西雅图地区的大众运输系统，目前积极研拟"全日通行票（**Day Pass**）"的使用，预计 2014 年底实施。详情可上网站 soundtransit.org 查询。

Metro 的网站也为第一次搭公交车的人提供详细的说明，有公交一卡通的刷卡示范图、市中心公交车隧道的路线，以及公交换乘时刻表。但我认为最重要的信息是一张 **Metro System** 示意图，图中详细标出大西雅图地区的公交路线地图，可以下载 **PDF** 文件。此外，网站上还有一处叫做 **Routes by Neighborhood** 的信息，列出大西雅图各地区的公交车抵达路线，它也是找公交车路线的重要资源。只要在网站 metro.kingcounty.gov 的搜寻栏里键入 neighbor，即可找到前往西雅图主要地区的公交车参考路线。

搭乘地铁时记得先刷 Orca 卡

Orca 卡刷卡机

出国之前打印 **Metro System** 公交路线图或需要的公交车路线，可以在旅游时，节省许多问公交车的时间。在上公交车时，可询问公交车司机，以确定没有搭错车。西雅图的公交车司机都非常友善，也很乐意帮忙，甚至可以请他在到站时告诉你，不要担心麻烦司机，因为帮助乘客抵达目的地是他的职责。

在西雅图夜间搭公交车尽管安全，但也要尽量坐在公交车前方靠近司机的地方，若受到其他乘客骚扰，司机能很快发现，前来协助。

在市中心可以看到两条新旧电车（Streetcar）的铁道，旧铁道原先是"海岸码头区"电车的车道，目前暂停服务。而新的电车则是从市中心开往南联合湖（South Lake Union）这个新兴发展的都会小区。可上车买票或使用公交一卡通付费。如果你刚刚搭公交车，转乘券仍在时效内，就不需再付费，若是刚使用公交一卡通刷卡坐公交车，上电车再次刷卡，只要在转乘时效内，即使刷卡，也只需补差额，不会再扣款。电车行驶路线图可上网下载（网址：seattlestreetcar.org）。

在大西雅图的公共交通工具，还有火车 Amtrak（网址：amtrak.com）和巴士 Greyhound（网址：greyhound.com）。Amtrak 在西雅图市中心的车站名称是 King Street Station，地址为 303 South Jackson Street。而 Greyhound 则位于 811 Stewart Street。Amtrak 和 Greyhound 车站都在市中心，乘坐 Ride Free 公交车前往，十分便利。

华州会议中心（Washington State Convention center）

Seattle

利用公共运输工具旅游

本书提到的旅游地点，大多数都可以乘坐公共运输工具抵达。在计划旅游路线时，我认为 Google Map 最好用，只要把出发地和目的地的地址输入，再按 Google Map 上的"乘坐公共运输工具"的公交车小图示，Google Map 随即列出公共运输工具的搭乘路线。本书中列出的旅游地点，大多都可以在 Google Map 中查到公共运输工具的搭乘方式，十分便利。你也可以到 Metro Terminal 询问搭乘公交车路线，或是打客服专线询问（电话：206-553-3000，在西雅图市区不需拨区码 206）。

若需要搭乘出租车出行，除饭店门口可找到排班的车子外，其他情况则必须打电话叫出租车。如果你身处有服务人员的公共场所（例如餐厅），可请求服务人员帮忙叫出租车（可斟酌给小费）。西雅图的出租车也有不少品牌，最常选的就是 Yellow Cab（电话：206-622-6500）。

西雅图观光信息服务台

除了西雅图市政府的官方网站（网址：seattle.gov）提供观光信息之外，西雅图会议观光局（Seattle's Convention and Visitors Bureau，电话：866-732-2695 或 206-461-5840）官方网站（网址：visitseattle.org）是最可靠的观光信息来源。

西雅图会议观光局

西雅图会议观光局在西雅图市区设立了两个服务台：一个是在华州会议中心（Washington State Convention Center，网址：wsctc.com）大厅（地址：701 Pike Street），另一个

派克市场门口的观光局服务中心

是在派克市场门口的小亭。

在平面印刷信息的提供上，前者因为场地较大的原因，提供的有关华州的观光信息较为齐全，而后者则以西雅图市的观光地图为主；但这两处客服务台游，都有专人详细解答各种观光问题，也都能购买观光旅游行程。若想参加中文导游，或是想要华人司机的专车服务，可打电话或联系华州会议中心大厅的服务台询问，请求推荐有信誉的华语旅行社。

有关华盛顿州的旅游景点信息，可查询华州观光处的官方网站（网址：experiencewa.com）。

春季
的西雅图
Spring

西雅图的细雨绵绵，是春天再典型不过的气候，大家也对这样的天气习以为常。如果看到路人在雨中只穿防雨的夹克、风衣而不打伞，那一定是西雅图的居民。

西雅图的春天，白天平均气温约为13℃，晚上约为4℃。因此在准备防寒衣物之际，也要为防雨做准备，例如防雨、防湿滑的鞋子，就是去西雅图旅行的最佳装备。

　　每年 3 月初是"夏令时"，白天可以持续到傍晚七点左右，旅游的时间也延长不少，只要做好防雨准备，春天的西雅图有许多户外旅游值得参与。若不喜欢在雨中外出，不少室内旅游行程也能带来愉快的体验。

　　西雅图春天的美，来自于花儿的娇艳缤纷，从水仙、樱花到郁金香，百花齐放。爱好自然的西雅图人，把握春天的多雨，大肆采购鲜花用以美化居所。春天来西雅图旅游，能看到最美丽灿烂的自然风光。

　　此外，美国职业棒球联赛赛季开始于每年的 4 月，春天来西雅图，记得去 Safeco 巨蛋球场看水手队的棒球赛。

西雅图华埠春节庆祝活动

华埠—国际区的春节庆祝活动

华埠—国际区（Chinatown-International District），西雅图人有时会简称为 ID。每年农历春节前一周或当周的周六正午，在华埠的地标——庆喜公园（Hing Hay Park），总会开展热闹的春节庆祝活动。不分老外或华人，不约而同穿上中式服装，一起来热闹庆祝。

庆喜公园的名字，意思是"庆祝欢喜相聚"（Park for Pleasurable Gatherings）。公园的凉亭于 1974 年在中国台湾设计和建造，是台北市政府捐赠的礼物，并于 1975 年 6 月 20 日在西雅图奠立。

无论是不是华人，都喜欢在这天来 ID，看长长的舞龙表演，还跟着舞狮

舞狮到商家拜年

西雅图华埠春节庆祝活动

舞狮到海城大酒楼采青

到各个中餐厅，欣赏舞狮采青，以及亚洲移民的文化表演。而华埠的港式茶饮，更是少不了的年味。

美加的港式茶饮，一般只供应到下午，晚餐则供应港菜。目前华埠的港式饮茶餐厅，水平大致相同。我个人较常去的是"康乐酒家"（House of Hong，地址：409 8th Avenue South，电话：206-622-7997），这是老字号餐厅，服务还算不错，环境也清洁。异军突起的"翠苑酒家"（Jade Garden，地址：424 7th Avenue South，电话：206-622-8181），颇受亚裔移民所喜爱。而"海城大酒楼"（Ocean City，地址：609 South Weller Street，电话：206-623-2333）所在的红色大楼亮眼醒目，曾是京剧团的休憩之处。点心皇（Dim Sum King，地址：617 S Jackson Street，电话：206-682-2823）是华埠少数于傍晚（至七点）仍供应港式点心的餐厅。

除了港式茶饮之外，华埠也有不少其他美食，包括珍珠奶茶和亚式糕饼。华埠牌楼"中华门"旁边的"老谷台菜"（Henry's Taiwan，地址：522 South King Street，电话：206-624-2611）臭豆腐做得很不错，还有不少台湾小吃，例如紫米饭团、蚵仔煎、白切大肠也做得十分地道。餐厅并不大，每逢周末、假日的用餐时间，很快就会满座。我也喜欢到华埠来买些烧腊食品，"皇上皇烧腊"（King's Barbecue House，地址：518 6th Avenue South，电话：

Spring

206-622-2828）的明炉金猪，在过春节时，经常要等上数小时才买得到。

华埠也有不少家中小型超市，是亚洲移民采买食物的重要地点。而华埠最大的超市"宇和岛屋"（Uwajimaya，地址：600 5th Avenue South，电话：206-624-6248），提供的则是高质量的食物和亚洲货品，在西雅图老美的心目中，这个超市几乎与"亚洲美食"画上等号。台湾的葱油饼和牛肉干、日本的寿司和糖果、亚洲各国的泡面，在这里应有尽有，还有小型的亚洲美食街和书店。

庆喜公园

华人近年来在华埠的努力，有增无减。首先是"中华门"（China Gate）于 2008 年 2 月 9 日正式揭牌，接着是"陆荣昌博物馆"（The Wing Luke Museum of the Asian Pacific American Experience，地址：719 South King Street，电话：206-623-5124）于同年 5 月 31 日重新开幕，这些重要的事件，让华埠与其他亚洲移民追寻美国梦的历史，被永远记载流传。

中华门

华埠区贴有各族群在西雅图的知名人物绘画，包括李小龙

陆荣昌（Wing Chong Luke）6 岁时，跟随父母自广州移民至西雅图，1962 年当选西雅图市议员，也是第一位于美国西北部胜选的亚裔人士，更是第

一位在美国本土重大选举中当选的华人。在市议员任内，陆荣昌致力于古迹保存、都市更新和民权运动，遗憾的是，在 1965 年，陆荣昌搭乘的轻型飞机失事，于四十岁英年早逝。陆荣昌生前即有推动博物馆的想法，以保存丰富多元的亚太传统。于是"陆荣昌博物馆"在 1966 年成立，致力于服务西雅图的亚太社群。"陆荣昌博物馆"也提供华埠的观光行程，可查询网站（网址：www.wingluke.org）或亲至博物馆柜台洽询。

　　华埠—国际区有个官方网站（网址：www.cidbia.org），介绍该区的重要景点、饮茶餐厅等商家，也会刊登最新活动。

陆荣昌博物馆

翠苑酒家

宇和岛屋

华盛顿大学 The Quad 中庭的樱花树

经典玩法 2

西雅图春天的花蕊

西雅图的花卉园艺展

　　每年2月的"美国西北花卉园艺展"（Northwest Flower & Garden Show，网址：gardenshow.com），于华州会议中心举行，提供园艺讲座、美丽的花园展示，还有花卉植物周边商品的售卖，让爱好自然的西雅图人，开始为心爱的院子和花园做准备，迎接春天的到来。

美国西北花卉园艺展

华大的樱花期

华盛顿大学（网址：www.washington.edu），简称华大，于 1861 年 11 月 4 日开课，目前在华州有 3 个校区，包括 Bothell、Tacoma 和校本部的西雅图，是华州的最高学府，被视为"公立长春藤"学校之一。华大的大学部学生超过三万名，研究所学生超过一万两千多名，学生社团和组织超过五百个。只要华大举办球赛或毕业典礼，当地的交通总得阻塞数小时之久。

华大有不少美丽的建筑物和博物馆，历史悠久。Burke Museum（网址：www.washington.edu/burkemuseum/）是美国西北唯一的自然历史博物馆，也是华州最古老的博物馆，除了定期导游活动之外，还有小朋友的短期夏令营。Theodor Jacobsen Observatory（网址：www.astro.washington.edu/groups/outreach/tjo/）是天文瞭望台，在华大第二古老的历史古迹建筑（最古老的建筑物是 1895 年建筑的 Denny Hall）。在 3 ～ 11 月，每月第一和第三个星期三，瞭望台会向大众开放参观，若是天气许可，瞭望台也会打开半圆形的屋顶，让大众透过古老的望远镜观察天文。华大图书馆的藏书量，在北美算是数一数二的，在全美 22 个藏书量超过七百万册的大学图书馆中，华大也占有一席之地。华大的数座图书馆中，最著名的当属 Suzzallo Library，素有"大学的灵魂（Soul of the University）"之名；学院都铎时期哥德式的建筑，让书香也融入了浓郁的历史和艺术气息。

Suzzallo Library 图书馆对面的红砖广场被称为 Red Square，从这里往

美国西北花卉园艺展

华盛顿大学简图

The Quad 中庭的樱花树

北走，即可到达文学院四方建筑（The Liberal Arts Quadrangle）。3月到华大，一定要去的地方就是文学院四方建筑的中庭。这个四方建筑，简称 The Quad，中庭的周围种满了染井吉野樱树。一旦樱花盛开，满天粉红，让这个四方建筑的景观美丽到令人叹息。华大的樱花如此有名，民众也喜欢在假日来这里走走。有的是合家前来踏青，有的是来拍摄樱花之美，也有的只是坐在樱花树下发呆、睡觉。在樱花树下，无论做什么，都十分浪漫。

华大每周举办导游行程（Guided Tour），如果向往就读华大，可上网报名（华大为访客设置的网站为 www.washington.edu/discover/visit/）。网站上也有自助导游说明书可供下载，让你游览华大校园更尽兴。华大的停车场有限，公交车是最好的前往方式。从市中心搭乘公交车路线 43、49、70、71、72、73 等，可抵达华大（站名是 UW Campus 或 University District）。虽然位于小丘，但有数班公交车可抵达校内，以方便师生通勤，有些班次还于交通高峰时间提供直达车。因为校园面积较大，所以公交车停靠站有好几处。骑单车的学生亦不少。

Spring

The Quad 中庭的樱花树

华盛顿大学校门口

派克市场的水仙花

　　从华大校园沿着 NE 45th Street 往东步行，或是搭公交车如 25、74、75 路，即可抵达 University Village（网址：www.uvillage.com），这里有各式林立的名品店和餐厅，包括苹果电脑专卖店、索尼（Sony）、蔻驰（Coach）等店，是颇受西雅图市民欢迎的购物中心。

派克市场的水仙花节

　　每年 3 月的春分时节，派克市场会在市场四周种满鲜黄的水仙花，还会在春分那一周的星期五，于西雅图市中心举办"水仙花日"（Daffodil

Day)，于街头分送上万株水仙花，让路人于惊喜之余，恍然大悟"春神来了"！每年水仙花节的日期，可至派克市场基金会的网站查询（网址：www.pikeplacemarket.org）。

Skagit Valley 的郁金香节

Skagit Valley 位于西雅图北方，两地相距约 1 个多小时的车程。4 月的郁金香节（网址：www.tulipfestival.org），也是春天赏花的必到之地。

赏郁金香的方式有两种：第一种是畅游不同的郁金香花田（主办单位会于网站公布花田的地点）。以往主办单位会备有接驳车，接送游客往来于各个花田，但目前则让游客依循花田的地图，自行前往参观。第二种是到指定的郁金香花园，以 Roozen Gaarde（网址：www.tulips.com）和 Tulip Town（网址：www. tuliptown.com）两处为主。这两个地点也同样有郁金香花田，但这两处更提供精心设计的郁金香花园，利用不同品种的郁金香和园艺饰品，布置成美轮美奂的花园，并安插立牌，帮助游客认识郁金香的品种。

由于花田泥泞，加上春雨绵绵，因此雨鞋是逛花田的最佳配备。在逛花田

Skagit Valley 的郁金香节

Spring

Roozen Gaarde 的风车

时，也要遵守规定，勿走入花田中央拍照，以免摧残了花儿。

郁金香节还有游行、观光、文艺等不同的活动。前往的交通方式，可搭 Amtrak 火车到 Mount Vernon，再叫出租车前往郁金香花田或花园参观；若想于当地住宿，可到主办单位的网站寻找食宿信息。另一个方式，是从西雅图参加观光行程，例如 Victoria Clipper（网址：clippervacations.com/）即有数个观光行程可供选择，无须担心交通问题。

Roozen Gaarde 的郁金香花田

Spring

奥林匹克雕刻公园

经典 玩法 3

拜访艺术的殿堂和历史的遗迹

　　从美国的拓荒者发现西雅图直到现在，也不过一百五十年左右的历史。这个年轻城市的博物馆，也因此呈现另一种不同的风貌。

　　西雅图艺术博物馆（Seattle Art Museum，地址：1300 1st Avenue），简称 SAM，门口的"敲锤人"（The Hammering Man）于 1992 年 9 月 12 日落成，虽然是博物馆的地标，却是西雅图市政府的财产，是西雅图公共艺术方案的作品之一。"敲锤人"从上午七点到晚上十点，每分钟敲四下。这个以钢材制成的作品，是美国艺术家 Jonathan Borofsky 最著名的艺术作品之一。西雅图的"敲锤人"是世界第二大，高 14.6 米（世界第一大"敲锤人"则位于德国的法兰克福）。"敲锤人"的创作动机，是为了歌颂所有工作者在职场上的贡献。对于西雅图，Jonathan Borofsky 特地引用《国家地理杂志》的一句话："西雅图人不是为了工作而活。他们工作，是为了享受人生。"

从博物馆外透过明亮的落地玻璃，可以见到华裔艺术家蔡国强的艺术作品Inopportune：Stage One，整个作品包括九辆福特汽车——入口的第一辆车子，好似启动，之后的七辆车子，以不同的角度吊在空中，呈现翻覆的动感与不安，最后一辆车子，又回复到静止停车的状态，正如蔡国强所言："彷佛不同时间的定格画面，九辆车子说出了一辆车子的故事。"博物馆虽以现代艺术品的收藏居多，但经常举办世界大师级的艺术作品展览，如梵·高、毕加索、达·芬奇等。

此外，西雅图艺术博物馆的姐妹馆——西雅图亚洲艺术博物馆（Seattle Asian Art Museum），也是博物馆爱好者不可错过之地。西雅图艺术博物馆还拥有一个独特的户外公园——奥林匹克雕刻公园（Olympic Sculpture Park），位于市中心靠近 70 号港口。这里原来是燃油贮存地。独特的公园场地设计，配合美丽的户外雕刻艺术收藏作品，是西雅图市最有艺术气质的公园，也成为市民喜爱的跑步、遛狗、散心之处。这个公园免费入场，但鼓励捐款。

西雅图艺术博物馆

奥林匹克雕刻公园

以上三个地点的展览信息，均可于网站获得更多信息（网址：www.seattleartmuseum.org）。

拓荒者广场

拓荒者广场（Pioneer Square）是西雅图昔日"淘金热"历史的发迹之地和城市的重心，也成就了不少企业，例如"优比速"（UPS），是为当时的商家提供物流运输服务，它在拓荒者广场创业，进而成为全球闻名的快递服务企业。之后市中心因为"都市计划"往北迁移，这里也继而没落。1960年代起，西雅图开始致力保存这里维多利亚时期和爱德华时期的建筑物。而今，拓荒者广场留下的历史建筑，是了解西雅图历史最好的去处。

拓荒者广场的地标，就是史密斯大楼（Smith Tower，地址：506 2nd Avenue）。这栋于1914年兴建完成的42层大楼，曾是密西西比河以西唯一的摩天大楼，长达50年之久。35楼的"中国厅"（Chinese Room，网址：www.chineseroom.com），顾名思义是按传统中国式样打造，有些家具为慈禧太后赠送的礼物。据说这里有一张"许愿椅"（Wishing Chair），只要单身女子坐上这张像龙椅般的"许愿椅"，一年之内就会嫁得如意郎君。这个传说已经应验在大楼业主史密斯先生的女儿身上。"中国厅"目前开放民众租赁，作为宴客场地。史密斯大楼楼顶的瞭望台也会定期开放，开放日期可至网站查询（网址：www.smithtower.com）。

在拓荒者广场，有一个有趣的地下之旅（Underground Tour），让游客能看到昔日西雅图地底下的城市所在。1889年，有位造柜的工匠，意外打翻了一锅胶，引燃火灾。由于西雅图当时均为木造房屋，这场大火整整烧毁了25个街区。整个西雅图市中心完全付之一炬。西雅图市决定将都市的地基增高，并以水泥和砖块打造新

位于拓荒者广场的印第安酋长西雅图的塑像（Seattle's Convention and visitors Bureau 提供）

拓荒者广场

建物。有位叫作Bill Speidel的市民整合了这个"地下之旅"，为游客解说西雅图都市的历史，同时带游客去参观至今仍然存在的地下空间。站在地底下，从透光的玻璃砖往上看人行道上穿梭的人影，是一个非常有趣的经历。"地下之旅"的参观时间，可至网站查询（网址：www.undergroundtour.com）。

拓荒者广场也有不少俱乐部和餐厅。每年的Fat Tuesday（也就是狂欢节Mardi Gras），拓荒者广场就是西雅图市民庆祝狂欢节的重镇（俱乐部的简介，可阅"经典玩法4"），虽不像新奥尔良挤满了人群的波本街，但也算热闹，只需要当心因狂欢过头而醉酒的人；另一方面，因为社会的变迁，拓荒者广场有一些游民收容所，所以会见到游民在这里的公园或街道上停留，打发时间。尽管他们不会造成观光客的安全顾虑，不过仍要谨慎为宜。

在这里有一家叫做 Salumi 的商店，制作高质量的意式腌肉和香肠，商店也贩卖意式三明治（只于周二至五上午十一点到下午三点半营业），由于这家店颇具知名度，在地人和观光客都爱光顾，商店门口总是大排长龙。带着 Salumi 的意式三明治，到拓荒者广场的公园闲坐野餐，是

拓荒者广场的印第安图腾柱

史密斯大楼（Seattle's Convention and Visitors Bureau 提供）

位于华州 Suquamish 的西雅图酋长之墓（Washington State Tourism，Jean Boyle 提供）

西雅图水手职棒球场 Safeco Field（Seattle's Convention and Visitors Bureau 提供）

艺术壁画让充满历史古迹风味的拓荒者广场，增添浓厚的艺术气息（Seattle's Convention and Visitors Bureau 提供）

艺术壁画让充满历史古迹风味的拓荒者广场，增添浓厚的艺术气息（Seattle's Conventtion and Visitors Bureau 提供）

种享受（Salumi 地址：309 Third Ave South，电话：206-621-8772，网址：salumicuredmeats.com）。

　　西雅图的职业棒球场Safeco Field和职业橄榄球场CenturyLink Field，也在拓荒者广场附近。美国职业棒球联赛于4月正式开赛，持续到9月底；职业橄榄球联赛则于10月开赛，来年1月初结束；但球场的纪念品商店全年开放。有关售票事宜，可于球季期间，亲自到各球场的售票亭洽询，或上网订购。西雅图水手职棒队Mariners的网站为www.seattle.mariners.mlb.com；海鹰职业橄榄球队Seahawks的网站为www.seahawks.com。

Bellevue 艺术博物馆

华盛顿湖东岸的博物馆，首推湖东第一大城Bellevue的Bellevue Arts Museum（网址：www.bellevuearts.org），简称BAM。每年7月底由BAM举办的艺术节，已有六十年以上的历史，为期三天，集结百位以上的手工品艺术家，每年吸引三十多万民众参加。展览作品有画作、陶瓷、玻璃、摄影、雕刻、珠宝等类别，是一场美的飨宴。前往博物馆的方式，可从市中心搭乘550公交车。由于下车的车站，跟博物馆隔着一个路口，因此要跟公交车驾驶说一声，到站时通知你。下车之后，再询问一下路人，就能很快找到博物馆。

Bellevue 艺术博物馆

Dahlia Bakery

经典玩法 4

享受西雅图市中心的美食和夜生活

　　每年春秋，西雅图有两个特别的餐厅特价活动，让西雅图市民能以特惠的价格，到高档的餐厅享受美食。不少颇负盛名的餐厅为回馈小区和顾客，也为吸引新顾客，而参加特价活动，推出精致美味的特价套餐（包括午餐和晚餐）。第一个活动是 Dine Around Seattle（网址：www.dinearoundseattle.org），于 3 月和 11 月进行，为期一月；另一个活动是由 "西雅图时报" 举办的 Seattle Restaurant Week（网址：www.seattletimes.nwsource.com/seattlerestaurantweek/），于 4 月和 10 月举办，时间较短，只有两周。无论是哪一个特价活动，特别套餐的特价时间一般是从周日至周四，周五和周六并不提供特价套餐。

想要了解西雅图餐厅的顾客评价，我个人喜欢到网站 Urbanspoon（网址：www.urbanspoon.com）阅读资料。这个网站也提供部分餐厅的网络订位服务。另一个知名的餐厅订位网站，则是 Open Table（网址：opentable.com），大部分的西雅图知名餐厅，都可在这个网站订位，而网络订位大多是免费的，但有些非常高档的餐厅，会要求消费者在订位时，提供信用卡数据，如果订了位却无法成行，也未提前一天取消订位，餐厅将从信用卡扣取若干费用。这是在使用网络订位时必须留意的地方。

西雅图的知名餐厅不胜其数，足可另辟专书撰述。本书提到的餐厅，是西雅图人耳熟能详的知名好吃餐厅。

西雅图人最爱的汉堡

Dick's Drive-in（网址：dicksdrivein.com）在西雅图已有五十年以上的历史，全市共有五家，是西雅图人最爱的汉堡薯条店，一来营业时间长，从上午十点半直到深夜两点，许多交通运输业者（例如卡车或出租车司机），都喜欢到这里用餐；二来价格低廉，却很好吃。

Dick's Drive-in 营业时间长，是三餐和消夜的好去处

Spring

Dick's Drive-in 汉堡店只有厨房、柜台，没有座位（除了 Queen Anne 店，位于 500 Queen Anne Avenue N，近西雅图中心）。消费者将车停在汉堡店四周的停车场，买了汉堡后，不是回到车上吃汉堡，就是在停车场小小的立桌旁吃汉堡。

Dick's Drive-in的汉堡虽然只有五种选择，但是汉堡肉饼却不使用冷冻肉，吃来多汁新鲜；薯条是我的最爱，因为Dick's Drive-in将整颗马铃薯以手工现切现炸，一吃就尝到真材实料的马铃薯，非常实在，不像国际连锁汉堡店的薯条，炸得虚虚的；而奶昔是在现场将冰淇淋舀入杯子，再打成奶昔，因为现点现做，保留了奶昔的正统浓稠的口感，一大杯就足以当午餐，要不是热量高，谁都想再来一杯。若需要西红柿酱、洋葱、鞑靼酱，多付点零钱即可，我倒认为这样的做法，反而不至于造成资源浪费。Dick's Drive-in之所以受欢迎，就是因为以真材实料传达了食物的原始新鲜美味。

Dick's Drive-in汉堡受到喜爱的程度有多高？我曾亲眼看到有人购买大批Dick's Drive-in的食物作为生日礼物，以当天快递的方式寄给住在美国中西部的姐夫，因为此人的姐夫每次从中西部到西雅图旅游，必定得去Dick's Drive-in报到。

Dick's Drive-in的员工，有不少是学生；Dick's Drive-in还提供奖学金，帮助学生完成学业。

距离市中心最近的 Dick's Drive-in 是在 115 Broadway E，可从市中心搭公交车（路线包括 10、11、12、49）到 Seattle Central Community College，再沿着 Broadway 走数个街口即可抵达。附带说明的是，这家 Dick's Drive-in 位于的小区，叫做 Capitol Hill，是西雅图最活跃的"同志"文化中心，有许多事业有成或颇具艺术天赋的"同志"居住在此，也有不少"同志"酒吧，就连这里的民意代表也是"同志"。"同志"社群让 Capitol Hill 成为艺术和人文气息浓厚的社区，更形成开放与尊重的多元社区文化。站在这里的 Dick's Drive-in 吃汉堡，观察来往的人群，五颜六色的染发、刺青，以及奇形怪状的服装和配件，是一种乐趣。

西雅图最知名的主厨

西雅图的主厨 Tom Douglas（网址：www.tomdouglas.com）于 1994 年获得素有"美食界奥斯卡奖"美誉的詹姆士比尔德基金会"西北最佳主厨"的称号。他也曾参加"美国料理铁人"节目，击败日本第三代料理铁人森本正治。西雅图许多餐厅主厨是由他一手训练出来的。然而 Tom Douglas 之所以受到西雅图人肯定，是因为他始终热心社会公益，常以自己的烹饪专长和资源，帮助弱势族群。

Tom Douglas 于 1989 年开设第一家餐厅 Dahlia Lounge（地址：2001 4th Avenue，电话：206-682-4142）以后，在西雅图市中心还开了 Palace Kitchen（地址：2030 5th Avenue，电：206-448-2001）、Etta's（地址：2020 Western Avenue，电话：206-443-6000）、

Dahlia Lounge

Lola（地址：2000 4th Avenue，电话：206-441-1430）、Dahlia Bakery（地址：2001 4th Avenue，电话：206-441-4540）、Serious Pie（地址：316 Virginia，电话：206-838-7388）和 Seatown（地址：2010 Western Avenue，电话：206-436-0390），而且餐饮版图仍在扩大中。我个人很喜欢 Dahlia Lounge，餐厅追求的"太平洋西北料理"（Pacific Northwest），食材讲究新鲜，没有过重的调味品，却能提出食物的鲜美，让味蕾没有负担；品尝 Dahlia Lounge 美食体验，是一种顺畅和舒适经历。

西雅图市中心的名餐厅

在市中心有不少好餐厅，例如以正统牛排和顶级顾客服务闻名的 El Gaucho（网址：elgaucho.com，地址：2505 First Avenue，电话：206-728-1337）和 Metropolitan Grill（网址：themetropolitangrill.com，地址：820 Second Avenue，电话：206-624-3287），是公认吃牛排的最好去处。而 Wild Ginger（网址：wildginger.net，地址：1401 Third Avenue，电话：206-623-4550）追求的是亚太料理（Pacific Rim），特别是受到越南和泰国料理的影响，Wild Ginger 偏向南洋风味，味道调理丰富，却又与食物融合完美，获得许多西雅图人喜爱。

以上这些高档餐厅的价位也许稍微偏高，若有预算考虑，可于午餐时间前往（El Gaucho只供应晚餐）。这些餐厅都必须事先订位。订位时，也别忘记询问餐厅的dress code，也就是对衣着的要求。有些餐厅要求客人不要穿牛仔裤，或是男性顾客必须穿西装上衣。

Wild Ginger

西雅图市中心的夜生活

西雅图市就像其他大都会一样，每当华灯初上，在市中心的上班族便离城返家，街道看似清幽，但对于各式各样的俱乐部来说，此时方为热闹的开始。

Dimitrious's Jazz Alley

Triple Door

市中心的俱乐部都算安全。有些采用售票方式，有些则使用 cover charge（姑且译为餐饮附加费）。无论采取何种方式，餐饮费用另计。许多俱乐部因为表演乐团十分热门，最好事先买票，以免到了现场因为满场而进不去。前往俱乐部最好带着护照以作为年龄证明的文件。这里介绍数家有名的俱乐部，如果看不到喜欢的，也可请西雅图会议观光局推荐。有些俱乐部也会要求 dress code，可先上网或打电话询问清楚。

Dimitrious's Jazz Alley（网址：jazzalley.com，地址：2033 6th Avenue，电话：206-441-9729）被公认为最知名、最好的爵士乐 club，许多美国和国际知名的爵士音乐家，都曾在这里演出。Dimitrious's Jazz Alley 的入口位于大楼的后门，而且在巷子里，所以不需要使用地址找地点。只要找到 Sixth Avenue 和 Lenora Street 的交接口，就可以看到巷口的广告牌。

Highway 99（网址：highwayninetynine.com，地址：1414 Alaskan Way，电话：206-382-2171），因位于 99 号公路旁而得名，以蓝调为主，确切地点靠近派克市场后方。

Triple Door（网址：thetripledoor.net，地址：216 Union Street，电话：206-838-4333），由戏院改装而成，有两个表演场地，包括较大的 Main stage 和较小的 Musicquarium，强调带给顾客最好的听觉，音乐类型从 Jazz、

Blues、R&B、Rocks 都有，端视邀请到的表演者。Triple Door 的业主是 Wild Ginger 餐厅的老板，因此餐饮质量也很不错。

New Orleans Creole Restaurant（网址：www.neworleanscreolerestaurant. com，地址：114 1st Avenue，电话：206-622-2563），位于拓荒者广场，强调新奥尔良风的Jazz、Blues和Zydeco（路易斯安那州的克利欧音乐），音乐好。新奥尔良Gumbo汤也很不错。

这里顺便一提 Pioneer Square Party Pass，这是由拓荒者广场数家俱乐部联合推出的通行证，也就是只需在第一家俱乐部购买 cover charge，出入其他俱乐部就不用再付 cover charge。除了上述的 New Orleans Creole Restaurant 之外，适用 Party Pass 的 club 还有 Central Saloon（摇滚和重金属，网址：www. centralsaloon.com，地址：207 1st Avenue South，电话：206-622-0209）、The Fenix（网址 fenixseattle.com/，地址：124 S Washington St），以及 Fuel（sports bar 和 dance club，网址：www.fuelseattle.com，地址：164 South Washington Street，电话：206-405-3835）。在购买 Party Pass 时，可再确认最新的俱乐部名单。

Tula's（网址：www.tulas.com，地址：2214 Second Avenue，电话：206-443-4221），也是知名的爵士俱乐部，常有国际知名的爵士乐手在此表演。

Crocodile Café（网址：www.thecrocodile.com，地址：2200 2nd Avenue），被公认为是西雅图最好的现场摇滚音乐场地，常能看到特殊风格的乐团带给乐迷惊喜。想听最好的独立摇滚来这里就对了！可在 Crocodile Café 的网站直接购票，也可到唱片行 Sonic Boom Records 购买（这个唱片行有两家分店，距市中心最近的是在 1525 Melrose Avenue，电话：206-568-2666）。

Neumo's（网址：neumos.com，地址：925 E Pike Street，电话：206-709-9467），西雅图最有名的摇滚俱乐部之一。由于场地的优势和绝佳音效，在 20 世纪 90 年代，曾吸引无数大牌歌手在此演出，许多名人也曾造访此处，包括美国前总统克林顿。

Showbox（网址：www.showboxpresents.com，地址：1426 1st Avenue，电话：800-745-3000），本店在派克市场旁边，于1939年成立，分店于2007年成立，位于水手职业棒球场附近（地址：1700 1st Avenue South）。可上网购票，亦可现场买票。在Showbox表演的乐团音乐类型，从独立摇滚到嘻哈音乐均有，大牌如"珍珠果酱"（Pearl Jam），也曾在此演出。Showbox是少数能带给西雅图广度的音乐类型，长达数十年之久。喜欢现场乐队的人，一定要来这里看看。

西雅图的古典艺术表演

古典音乐和艺术表演场地，不是在市中心，就是在西雅图中心，交通便利：

Marion Oliver McCaw Hall

✪ 交响乐团 Seattle Symphony（网址：www.seattlesymphony.org）：演出场地在 Benaroya Hall（地址：200 University Street，售票电话：206-215-4747）。

✪ 芭蕾舞团 Pacific Northwest Ballet（网址：www.pnb.org）和古典歌剧 Seattle Opera（网址：www.seattleopera.org）：主要的表演场地是西雅图中心的 Marion Oliver McCaw Hall（地址：321 Mercer Street，电话：206-733-9725）。

The Paramount Theatre

✪ 百老汇歌剧：The Paramount Theatre（地址：911 Pine Street）和 The Moore Theatre（地址：1932 Second Avenue），两者属于同一个组织 Seattle Theatre Group（网址：www.stgpresents.org，电话：206-682-1414）。

Benaroya Hall

Spring

经典
玩法

5 波音工厂和飞行博物馆

西雅图是波音飞机的诞生地，因此波音工厂和飞行博物馆，是来西雅图不能错过的旅游之地。

波音工厂看飞机组装

"波音工厂"的行程，英文名称为 Future of Flight—Aviation Center & Boeing Tour（网址：www.futureofflight.org）。由于波音工厂严格的安保措施，波音工厂的参观行程规定游客不能携带手机、相机、手提袋、水瓶等物品，一经查到，会被处以高额罚款。入场处提供投币式置物柜，可让游客放置贵重物品。

整个行程为 1.5～2 小时，行程中，不能上厕所，所以务必提早抵达。

关于抵达波音工厂的时间，我的建议是提早 1 小时左右抵达，除了有充分的时间做准备之外，还可参观入口处的飞行中心（Aviation Center），此处展示着各种飞机的高仿模型与零件，并可以用计算机解说各种机型。飞行中心是可以照相的，不过在拍照前，仍需先洽询柜台，确认拍照规定是否存在变更。

在进入波音工厂参观入口之前，安检人员会检视游客是否遵照安全规定，符合要求者才会放行。游客会先观赏波音准备的影片，了解飞机组装的过程。之后游客将搭乘大型游览车，参观工厂外面的飞机，而导游也会解说波音飞机在组装之后、交机之前的试机过程。游客抵达工厂后，还要走一段不短的路，方能抵达工厂内部（波音工厂是吉尼斯世界纪录中，全世界容积最大的建筑物）。

一旦抵达工厂内部，即可看到正组装中的飞机停在工厂中。若想看到波音员工实地组装，周一至周五的上班时间是最好的参观时机。若是在周末前往，就得看员工们是否有加班，否则只能看到飞机，而看不到组装的员工和组装流程。

在波音工厂行程结束后，会回到波音纪念品商店，让旅客购买纪念品。

波音工厂的旅程，全程都配有英文解说，但光是看到那些货真价实的飞机，亲眼目睹组装的过程，就能值回票价。从西雅图前往波音工厂的所在城市 Everett 有一段距离，参加观光行程是最好的前往方式。Grayline 可以提供行程（网址：www.graylineseattle.com），可上网购票，也可洽询西雅图观光局的服务台购票。提供波音工厂行程的旅行社不少，可洽询西雅图会议观光局的服务台，他们会提供选择的信息。

飞行博物馆

"飞行博物馆"（The Museum of Flight）位于西雅图市，博物馆的室内和户外，有各式各样的飞机，包括一架稀有的协和式客机。博物馆有时还会提供飞行古董飞机的机会，是飞机迷不可错过的旅程（须付费）。有关展览的最新信息，可上网站查询（网址：www.museumofflight.org）。从市中心可搭公交车124路抵达。

夏季的西雅图
Summer

5月最后一周的星期一是"阵亡将士纪念日"（Memorial Holiday）假期，这一日西雅图人喜欢到户外烤肉、喝啤酒，为夏日展开非正式宣言；而非主流摇滚乐或油渍音乐的爱好者，则前往 Quincy（距西雅图东方约 4 小时的车程，可搭乘 Greyhound 巴士前往）参加为期四天的 Sasquatch Festival（网址：sasquatchfestival.com），即使入场券所费不赀，也常在音乐节半年前售罄。

西雅图的夏季，早上不到五点就天亮，

晚上九点，甚至十点之后，才会天黑，是来西雅图旅游最适宜的季节。西雅图在每周末几乎都有大型活动，"海洋节"（Seafair）就是最热闹、最重要的夏季活动之一。

西雅图的夏季白天平均气温约21℃，晚上约11℃。虽然已经热到让西雅图人穿上短衫、短裤，但是，怕冷的人最好带薄长衫、薄夹克、长裤。

夏天来美国，记得到农夫市集买些当季樱桃尝鲜。鲜红欲滴的樱桃固然是不错的选择，但外皮黄中带红、以雷尼尔山（Mt. Rainier）命名的"雷尼尔樱桃"（Rainier Cherry），大又多汁，更曾在日本获奖，是来西雅图必尝的樱桃品种。

7月20日是华人的永远传奇——李小龙逝世纪念日。位于Lake View Cemetery（1554 15th Avenue E，可从市中心搭公交车10路抵达）的李小龙与李国豪父子墓地，终年有来自世界各地的游客前来悼念，也为西雅图旅游增添感性的一章。

太空针塔（Washington State Tourism，Jim Poth 提供）

经典
玩法
6

西雅图中心与太空针塔

　　西雅图中心（Seattle Center）和太空针塔（Space Needle）的诞生，是应1962 年的世界博览会而兴建。如果没有来这里看看走走，就等于没有来过西雅图旅游。

西雅图中心

　　西雅图中心（网址：www.seattlecenter.com）每年造访的旅客，多达一千两百万。整个中心有超过五分之一的面积为空地，每年提供的节目和活动多达五千场以上，是西雅图市民最重要的休闲娱乐中心。

从西雅图市中心前往西雅图中心，最有趣的方式，便是从"西湖购物中心"（Westlake Center Mall）顶楼搭乘 Monorail 单轨电车（网址：www.seattlemonorail.com），只需 2 分钟，即可抵达。单轨电车的车票，可在上车前的入口处直接购买，不能使用公交一卡通付费。市中心也有很多公交车可抵达，包括 1、2、3、4、13、15、16、18 等（3、4、16 直接在太空针塔下车）。

西雅图中心有许多展览，较为著名的有以下几个：

⭐ Pacific Science Center（网址：www.pacsci.org）：这个科学中心成立于 1962 年的世界博览会。中心有不少颇具启发性的器材，让小朋友在操作中对科学产生兴趣。中心的 IMAX 戏院，也成为西雅图市民欣赏 3D 电影的最好去处。

Monorail 单轨电车

⭐ Experience Music Project 和 Science Fiction Museum（简称 EMP、SFM，网址：www.empsfm.org）：由微软创办人保罗·艾伦出资兴建。EMP 着力于热门音乐的历史，也收集西雅图的音乐历史数据，特别是发迹于西雅图的油渍摇滚（Grunge），以及保罗·艾伦最爱的 Jimi Hendrix。而 SFM 则是全世界仅有的两所的科幻小说博物馆，成立动机则是来自于 Paul Allen 对《星际迷航》（Star Trek）中的库克船长的喜爱。参观这两个博物馆，只需购买一张门票，十分划算。

⭐ Center House 和儿童博物馆：Center

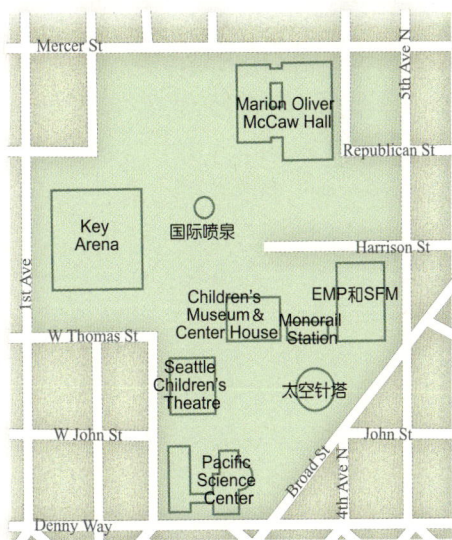
西雅图中心简图

Pacific Science Center

建筑师打坏一只吉他，以破碎的吉他材料制成 Experience Music Project 的建筑模型

从西雅图中心出发的海洋节游行

House 的美食街，是解决民生问题最主要的地点。儿童博物馆（网址：www.thechildrensmuseum.org）和 Center House 在同一栋建筑里，有玩具区、游戏区和攀爬区，教导孩子认识地球村和环保的意义。

⭐ KeyArena：是西雅图风暴（Storm）女子职业篮球队（网址：www.wnba.com/storm/）和 Rat City Rollergirls（网址：www.ratcityrollergirls.com）女子竞速滑轮的比赛场地，也经常举办演唱会和其他特别节目。活动内容可参考官方网站（网址：www.keyarena.com）。

⭐ Marion Oliver McCaw Hall：是观赏芭蕾和古典歌剧表演的场地，其中有一个小型厅，也会配合影展（例如西雅图国际电影节 SIFF）播放电影。

让 Monorail 单轨电车穿越 EMP，系刻意的 EMP 建筑设计

太空针塔矗立市区，和雷尼尔山遥遥相对（Seattle's Convention and Visitors Bureau 提供）

☢ Seattle Repertory Theatre：推出古典话剧、百老汇歌剧和各类戏剧表演的场地，推出的节目内容，可查询官方网站（网址：www.seattlerep.org）。

☢ The Vera Project：是为青少年成立、也由青少年经营的音乐和艺术中心，鼓励青少年发挥艺术和音乐的创意和才艺，这些青少年的艺术和表演活动，可查询官方网站（网址：wwww.theveraproject.org）。

西雅图中心蕴藏许多有趣的参观景点，包括花园、公共艺术、喷泉和一片柏林围墙。这些景点的位置和说明，可至网站下载自助导游（self-guided）小册。

太空针塔

太空针塔（网址：www.spaceneedle.com）目前为西雅图第四高建筑，几乎是西雅图的象征。不到 1 分钟，电梯就能带你直达瞭望台，眺望全市美景。

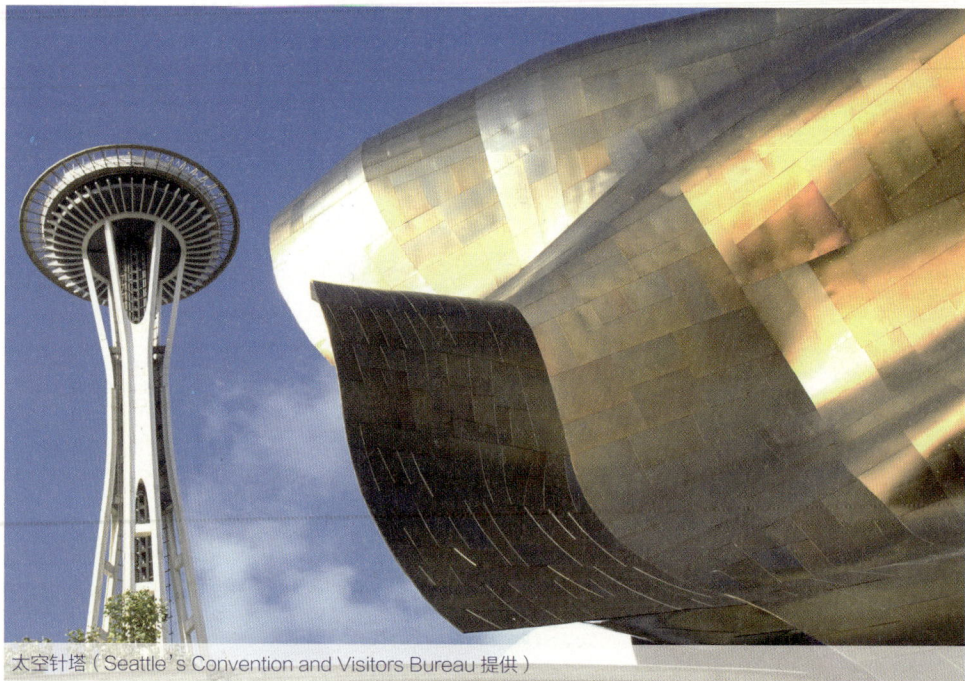

太空针塔（Seattle's Convention and Visitors Bureau 提供）

太空针塔每年的访客多达一百万人，也成为美国西北最受欢迎的观光景点。

若只到瞭望台看景，则必须购买门票。如果打算到瞭望台楼下的餐厅 Sky City 用餐，餐后即可从楼梯直上瞭望台，不需另外购买门票。Sky City 是个旋转餐厅，餐厅大约一小时就可旋转一圈，餐点价格不低，但还算精致。

太空针塔也是西雅图在新年除夕施放烟火的所在地。由于来看烟火的民众不少，因此大众运输工具都会延长服务的时间。

太空针塔的推荐西雅图的热门旅游景点，不妨下载参考。

太空针塔的观景售票处

太空针塔的烟火景观

远眺太空针塔（Washington State Tourism 提供）

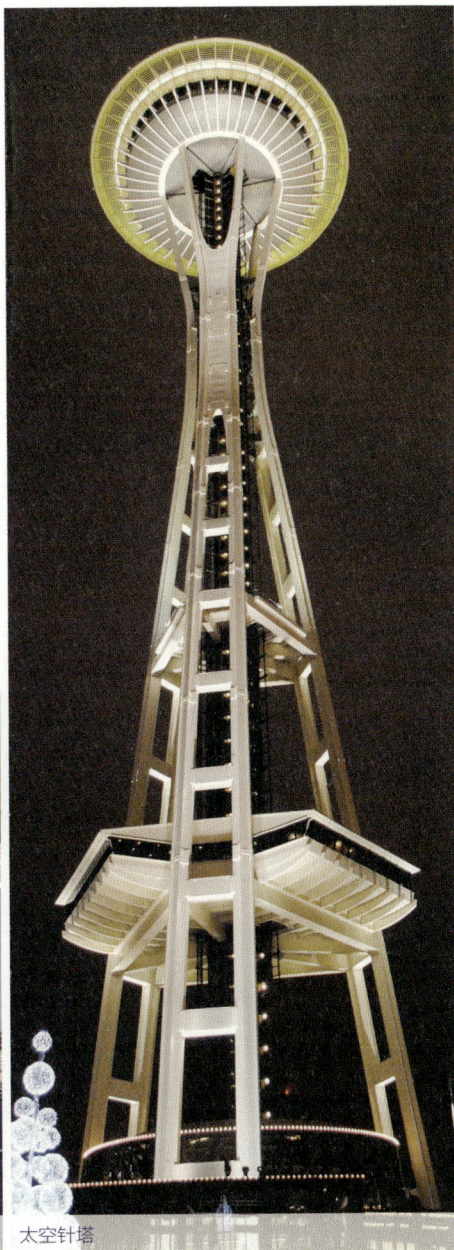
太空针塔

Summer

065

海岸码头区海鸥排排站，等着美食上门

派克市场看飞鱼，海岸码头区看海

派克市场的店家

　　派克市场（网址：www.pikeplacemarket.org）被当地人昵称为"西雅图的灵魂"，于 1907 年 8 月 17 日成立，肇因是洋葱价格飙涨了十倍，为了减少中间商的价格剥削，于是市议员提议成立市场。从成立当初的八位农夫，到百年之后的百位农民、近两百名手工艺术家，以及近两百五十名街头艺人。尽管在 20 世纪 60 年代，派克市场因为都市发展，曾面临拆除的危机，但由市议员、律师等人联合组成社会团体"市场之友"（Friends of the Market），发起运

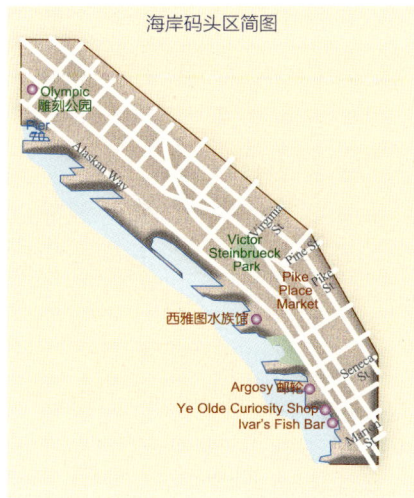
海岸码头区简图

动并提出公民投票议案。西雅图人以投票的方式，选择保留派克市场，这才使派克市场成为现今美国最著名的传统市集之一，是美国传统市集中，历史第二悠久的。每年到访派克市场的游客多达千万。

派克市场的"Public Market Place"霓虹灯招牌，是密西西比河以西的第一座大型霓虹灯招牌，灯旁的钟，也是美国西岸目前年代最久远，而且还在转动的钟。

市场中最著名的摊位，莫过于在派克街（Pike Street）入口的 Pike Place Fish Market（网址：www.pikeplacefish.com）。他们的鱼货新鲜，质量没话说，但是大家都想看的，就是世界闻名的"飞鱼秀"。当然，如果有客户上门购买，店员们就会马上秀出飞鱼绝技——顾客从鱼摊上，挑好想买的鱼货，店员就会将鱼货丢到柜台，让柜台的店员清洗、整理，以及包装。除了飞鱼绝技之外，店员也会丢螃蟹，只要是顾客想购买的，鱼铺的店员总有办法让鱼货"飞"得漂亮。如果没有客户买鱼货怎么办？别心急，只需找个好位置站着等，也不用觉得不好意思，他们不会赶人，而且还会帮观光客挑位置，以免挡了其他人的出入。等到人越来越多，店员就会露一手，满足现场观众的需求。因为这家鱼铺太有名了，有些观光客也想亲身体会抛鱼的经验，就会上前攀交情，让店员开心。只要这些店员"龙心大悦"，抛鱼飞给店员的人，说不定就是你喔！

鱼摊前方的金猪 Rachel，是游客最喜欢拍照的对象。Rachel 于 1986 年开始"入住"市场，被誉为"最受欢迎的西雅图居民"之一。Rachel 背上有个硬币投入口，游客也乐意投钱进去。无论是哪一国的货币，只要是捐款，Rachel 一律来者不拒。Rachel 每年为市场筹得 6 000 ～ 9 000 美金，用于市场的公益活动。

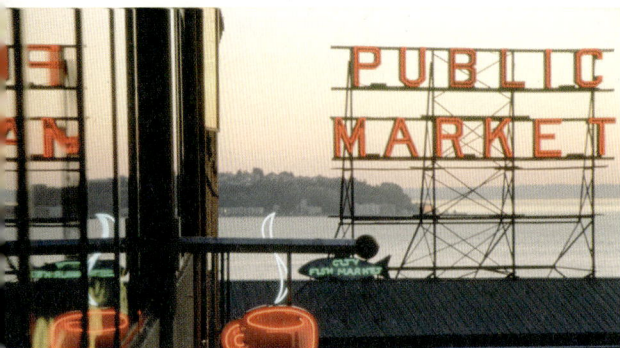

传统市集派克市场，已是世界各地的观光客必访之地
（Seattle's Convention and visitors Bureau 提供）

派克市场的霓虹灯招牌

金猪Rachel

除了农产品之外，派克市场也贩卖许多有趣的商品——鲜花、纪念品、书本海报、服饰珠宝，宛如小型百货公司。

Pike Place Market Creamery 专卖华盛顿州农场和牧场出产的生鲜成品，包括牛奶、鸡蛋、酸奶，是老字号的商店。店里也卖有机乳制品和豆类制品。这家店的女主人 Nancy 甚至把自己的姓改掉，变成 Nipples，意思就是"乳头"，以更符合自家主要经营乳制品的身份！

在传统市场的餐厅吃东西，是一种截然不同的风情，特别是服务方式，有别于市中心的高级餐厅。数家老字号餐厅，推荐品尝：

☆ The Athenian Inn（网址：www.athen-ianinn.com）：这个餐厅曾入镜于电影《西雅图夜未眠》，因而声名大噪。

☆ Three Girls Bakery：始于 1912 年，据称是西雅图首家由女性创业的店家，只是业主已易为男性，糕饼也不再由店家制作，而是由他处进货，不过这家店的外带三明治，据称仍为西雅图人的最爱。

☆ Lowell's：被誉为"最好吃的早餐店"。

☆ Pink Door Ristorante（地址：1919 Post Alley，电话：206-443-3241，网址：www.thepinkdoor.net）：是老字号的

Pike Place Fish Market

闻名遐迩的飞鱼绝技

Summer

花卉是华州农产品之一，也是派克市场的热卖商品

新鲜的蔬果，令人垂涎欲滴

印有音符之地，为街头艺人的表演场地

意大利餐厅，坐在户外的座位吃意大利餐，眺望艾略特湾（Elliot Bay) 和派克市场，是西雅图人的最爱之一。

⭐ Café Campagne（地址：1600 Post Alley，电话：206-728-2233，网址：www.campagnerestaurant.com）：提供传统的乡村法国菜，Brunch 也相当知名。餐厅的气氛，像是回到了老巴黎。Café Campagne 有家姐妹餐厅，就叫做 Campagne（地址：86 Pine Street，电话：206-728-2800），提供正统的法国菜。Café Campagne 的餐点，不像正统法国菜那般繁复，价格也较低廉，却一样美味。

⭐ Pike Place Chowder（地址：1530 Post Alley，电话：206-267-2537，网址：www.pikeplacechowder.com）：每天提供六种杂烩汤，其中的新英格兰蛤蛎杂烩汤（New England Clam Chowder）赢得美国多项奖项。如果想同时品尝多种味道的杂烩汤，可点 Sampler，也就是分量较少但可选择四种不同的杂烩汤。

⭐ Procopio Gelateria 的意式冰淇淋（网址：www.procopiogelateria.com）：采用最新鲜的材料。

派克市场入口的招牌 Meet the Producer，是派克市场的成立理念，让消费者能以合理的价格买到产品，没有中间利益的剥削

星巴克

The Athenian Inn

Three Girls Bakery

　　在中式餐点方面，"美心饼家"和"海珠酒家"可外带叉烧包（在西雅图常用 Hum Bow 这个词，念起来类似"烘包"，有 Baked 和 Steamed 两种，前者外皮像面包一般，后者则是典型的白色叉烧包），也有春卷、叉烧串。"珠海酒家"虽然提供中餐，但酱料过多，口味很重。

　　全世界的第一家星巴克咖啡成立于 1971 年，由一位英文教师、一位历史老师和一位作家合资经营，原址在 Western Avenue，1975 年之后迁至现址 1912 Pike Place（位于市场另一端，靠近 Pine Street）。Starbucks 的名称，取自小说《白鲸记》中的人名。成立的动机是为了销售新鲜烘焙的咖啡豆和高质量的咖啡机，让顾客在家里也能煮最好喝的咖啡。1982 年 Howard Schultz

加入公司的销售团队之后，建议公司除了贩卖咖啡豆和咖啡机之外，也应该卖咖啡，从此改变"星巴克"的命运，成为全球知名的咖啡品牌。

尽管星巴克咖啡店已扩展至全世界，派克市场这家星巴克咖啡店，是游客来派克市场的必访之地。客人在柜台点好咖啡，店员便在咖啡杯上做上记号，再将咖啡杯像帕克鱼铺的飞鱼一样，抛给煮咖啡的店员。咖啡煮好了，店员呼叫客人的名字取咖啡，而不是呼叫"两杯拿铁"。小小的店，内外挤满了人。里面的人，忙着买咖啡、纪念品，也忙着看店员丢掷咖啡杯；店外也挤满了人，欣赏门口的街头艺人表演。这家小店并没有座位，因此在市场靠派克街口这端新开张的星巴客咖啡（地址：102 Pike Street，原本为 Seattle's Best Coffee，不过于 2003 年被星巴克收购）就明显大得多，方便客人坐下来细细品尝咖啡，而且这家新店也挂着美人鱼的原始商标招牌。

想喝杯啤酒吗？派克啤酒就在市场里。详情可参阅经典玩法 16 的"啤酒之旅"。

如果想买西雅图的观光书籍，Metsker Maps（地址：1511 First Avenue；电话：206-623-8747）陈列详尽的西雅图观光书籍与地图，值得前往。

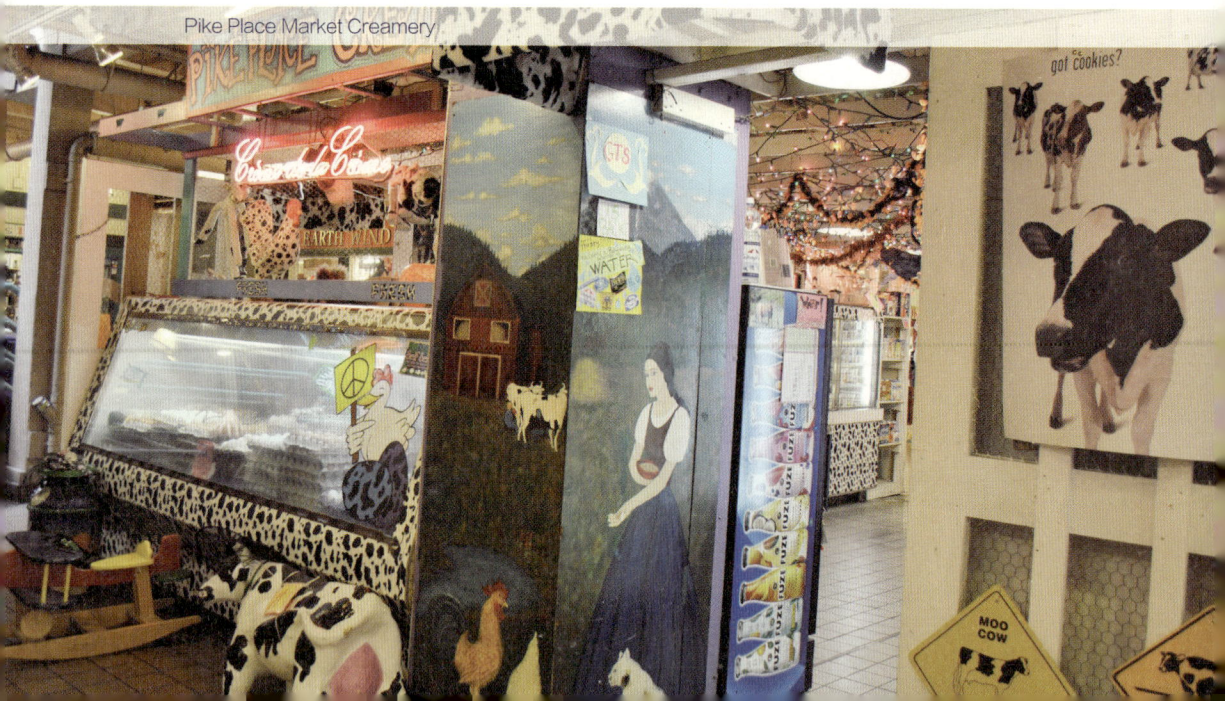

Pike Place Market Creamery

细菌最多的景点

近年来，派克市场的"口香糖墙"（Gum Wall）异军突起，成为市场的著名新景点。Gum Wall 位于 Post Alley，也就是在派克市场西雅图观光服务亭的紧邻小巷。只要顺着小巷往下走，往左转，就可以看到 Gum Wall。

Gum Wall 所在的建筑物，其实是西雅图人看即兴喜剧（制作公司是 Unexpected Productions，网址：www.unexpectedproductions.org）的小剧院，因为来看戏的人在入场前，为拿掉口中咀嚼的口香糖，于是把口香糖贴在墙上。由于清不胜清，剧院干脆放弃清理的念头。如今这片 Gum Wall 已列入"全世界细菌最多"的前五大旅游景点，列居全世界第二。记得数年前到 Gum Wall 拍照时，整条巷子冷冷清清，完全没人。这次重返原地，发现口香糖数量不仅爆增，整条巷子也来了不少游客。最近据闻 Gum Wall 如今也成为婚纱照的热门拍摄景点，倒是让我非常意外。

应观光需求，派克市场的观光行程，也越来越多元。以下介绍数个观光行程：

⭐ Pike Place Market Food & Cultural Tour（网址：www.savorseattletours.com）和 Taste Pike Place Tour（网址：www.seattlefoodtours.com）：认识派克市场之余，也有机会品尝数种商家美食。

⭐ Market Ghost Tour（网址：www.seattleghost.com）：告诉你派克市场的鬼故事，

Gum Wall

　　也带你去看市场里闹鬼的地方。让游客从另一个角度，认识派克市场的历史。
★ Heritage Tour：这是派克市场自己承办的行程，价格低廉，不过十人以上才
　　会成行。详细内容可到派克市场的官方网站查询。

Gum Wall

海岸码头区

从派克市场后方的阶梯下楼，就是美丽的海岸码头区 Waterfront，从一端的拓荒者广场到另一端的奥林匹克雕刻公园（70 号码头）的艾略特湾整片水域，就是 Waterfront，许多西雅图人在这个码头区以渡轮通勤（电影《桃色机密》男主角迈克尔·道格拉斯在片中的角色为典型），华州的渡轮系统规模也是全美之最。对观光客而言，Waterfront 可看海景，参观西雅图水族馆，也有不少商家和餐饮店。

从 50 号码头搭乘西雅图的 Water Taxi（用公交一卡通付费更便宜），穿越艾略特湾，到 West Seattle 的 Seacrest Dock，是拍摄市中心天际线（skyline）最好的方式，顺道可欣赏艾略特湾的风光。从 Seacrest Dock 沿着 Alki Avenue Southwest 走约 30 分钟（或转搭公交车 775 路），这一带就是昔日的 Alki Point，也是首批白人于 1851 年 11 月 13 日移民至西雅图最早的落脚处。这批移民在此生活直到翌年 4 月，才渡过艾略特湾，来到如今的拓荒者广场，西雅图的历史于焉诞生。

搭乘轮渡，即可欣赏美丽的西雅图市中心天际线（Seattle's Convention and Visitors Bureau 提供）

从艾略特湾眺望西雅图市中心（Seattle's Convention and Visitors Bureau 提供）

54 号 码 头 附 近 的 Ivar's Acres of Claims（ 网 址：ivars.com） 是 Waterfront 第一家海鲜餐厅，于 1938 年开张。创业者 Ivar 卖海鲜的创业动机，来自于当年刚开幕的西雅图水族馆（网址：www.seattleaquarium.org，位于 59 号港口）。Ivar's Acres of Claims 的 Cod'n Chips（Fish and chips），至今仍是我的最爱。这里的 Ivar's Acres of Claims 分为两部分，一边是室内餐厅，有服务生提供服务；另一边是 Fish Bar 外带区，顾客在柜台买好食物后，可坐于户外吃东西、吹海风。Ivar's 鼓励顾客喂海鸥，因此栏杆总是排满等着吃东西的胖海鸥。Ivar's 还在联合湖区开设一家以太平洋西北地区的印第安长屋（Longhouse）为造型的餐厅 Salmon House，提供新鲜鲑鱼、海鲜佳肴。

在54号码头附近还有一家店叫做Ye Olde Curiosity Shop（网址：www.yeoldecuriosityshop.com，地址：1001 Alaskan Way；电话：206-682-5844），可算是西雅图历史最悠久的商店之一，尤其是印第安原住民的商品销售各地，超过百年，让世界因此更了解太平洋西北的印第安文化。目前这家店是第四代在经营，贩卖的纪念品不仅有印第安文物，还有来自世界各地的商品；商店里更有名的是许多只陈列不贩卖的物品，包括两具如假包换的木乃伊、双头牛，还有许多稀奇古怪的古董和物品，让商店也成为另类博物馆，是观光客必看（Must-See）的有趣的店家。

55 和 56 号码头是搭乘 Arogsy 观光渡轮（网址：www.argosycruises.com）之处。

69 号码头是搭乘 Victoria Clipper（网址：www.clippervacations.com）前往加拿大维多利亚港或华州北部数个观光景点地方，包括赏鲸和郁金香节。

由于 Waterfront 范围广泛，建议多乘坐免费的公交车 99 路，可省去许多脚力（行驶路线请查询网站）。

Alki 海边每年 7 月初的"海盗登陆"活动，吸引大小朋友前来

从海岸码头区的高楼，可眺望棒球和橄榄球两大球场（Seattle's Convention and Visitors Bureau 提供）

西雅图水族馆

Water Taxi

Ivar's Fish Bar

夏至游行

经典玩法 8

到"宇宙的中心"看夏至游行和裸体单车骑士

Fremont（佛雷蒙特）是西雅图的一个社区，社区人口约为三千多人。这个小区有一个艺术委员会（Fremont Arts Council，网址：www.fremontartscouncil.org），在社区文化营造上，扮演重要角色。Fremont 自称为"宇宙的中心"（The Center of the Universe）。

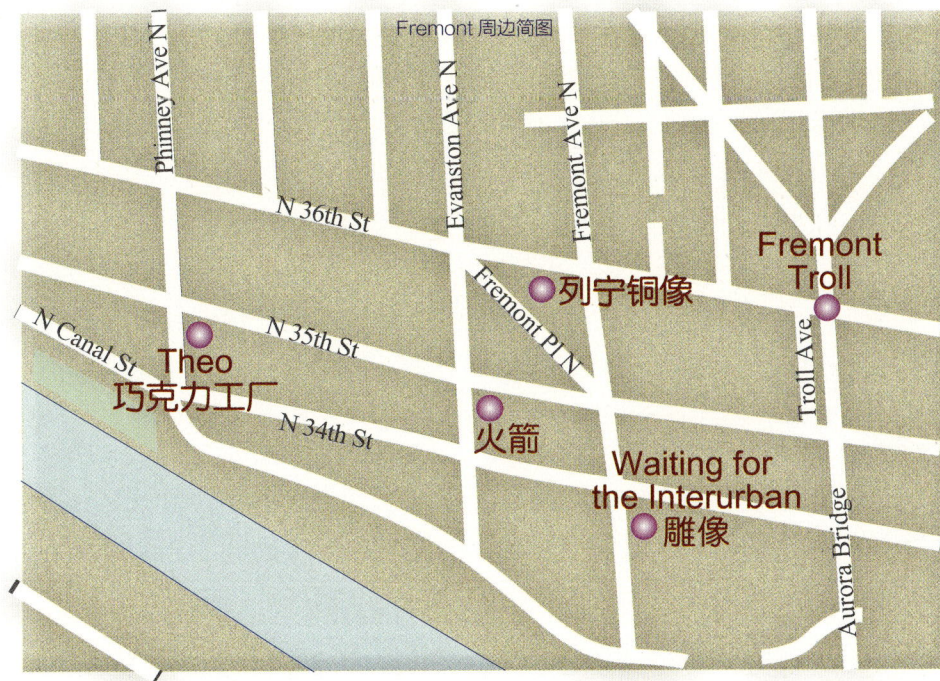

Fremont 周边简图

巨怪、火箭和等电车的人

　　Fremont 有许多有趣的艺术景点，进而让这个小区也成为西雅图的观光景点。其中最有名的当属 The Fremont Troll。

　　这个巨怪的来源，出自挪威童话故事 "Three Billy Goats Gruff"。故事中的巨怪是个坏蛋，住在桥下，想吃掉过桥的山羊，最后却被强壮的第三只山羊给丢入河里。Fremont 的巨怪由四位艺术家于 1990 年完成，高 5.5 米，重 1.8 吨，材质包括水泥、钢筋、电线，还有一辆货真价实的金龟车。巨怪的单眼是由车轮盖制成，这一创意让巨怪更加生动。所以下次去看 Troll 时，记得爬上去，戳戳巨怪的眼睛。

　　每年的万圣节，美国小朋友挨家挨户去要糖吃（或是去捣蛋），Fremont 就会为大家举办 Trolloween，以大朋友居多。每个人精心打扮，在专人引导下，

Summer

集体游街。到达终点之后，就有不少有创意的人表演趣味节目，非常有意思。

西雅图市议会在 2005 年，把巨怪前方的街道重新命名为 Troll Avenue，以表彰市长口中的这位"西雅图最有名的市民"。Troll 也因为实在太有名，于 2012 年入选为美国最奇怪的纪念像旅游景点。从市中心搭公交车 26 路至 Fremont Avenue North 和 North 35th Street 交叉口（只要告诉公交车司机你要去 Fremont Troll，请他帮忙通知你下车地点），再沿着 Troll Avenue North（明显的地标就是一座高架桥，叫做 Aurora Bridge）走到 North 36th Street，就可看到桥下 Troll 的身影（North 36th Street 和 Troll Avenue North 交叉口）。

在 1991 年，为了让 Fremont 的"宇宙的中心"更名副其实，这个社区的艺术委员会便开始寻找最具独特性的地标。这里的住户听说有一处中古商家贩卖一枚 1950 年冷战时期的火箭，Fremont 便立即决定购买。但直到 1994 年，火箭才正式坐落于如今的位置（Evanston Avenue North 和 North 35th Street 交叉口）。

Waiting for the Interurban

Fremont有个远近驰名的公共艺术雕像《等候电车》（Waiting for the Interurban），位于Fremont Avenue North和North 34th Street交叉路口（与Troll的地点很近，也可从市中心搭公交车28路到这个交叉路口）。《等候电车》是由五个大人、一个小孩和一只狗所组成的组合雕像。以前西雅图的电车会经过Fremont，后来停驶。于是小区的艺术家制作这个雕像，纪念Fremont的电车岁月。这个雕像之所以有名，是因为小区欢迎大家为雕像加以布置，不过要遵守游戏规则——要有礼貌；先来者，则有优先权；若雕像看起来像是刚布置好的，就暂缓布置或结合原来的布置；不能有商业广告行为，布置好之后，必须清洁四周的环境；布置好的作品，可以保留一周左右，之后就要自行前来清除。Fremont还欢迎大家为布置好的雕像拍照，寄给他们，Fremont就会为之公布。

夏至游行

Fremont 的活动，也和景点一样出名，其中最有名的，就是自 1989 年起每年举办的夏至游行（Solstice Parade）。在 6 月夏至之前或之后的周末，社区的主要街道将被封锁，禁止车辆进出。游行的街道图，可于网站下载（网址：www.fremontartscouncil.org），大致上是沿着 North 36th Street 和 North 34th Street 两条主要街道游行，可从市中心搭公交车 28 路到 Fremont Avenue North 和 North 34th Street 交叉路口，再沿着这两条主街道，寻找观看游行的好位置。

火箭

Troll

夏至游行

夏至游行

夏至游行中，也提醒大家注重环保

　　若想早点看完游行，然后去看 Fremont Fair（下文将介绍），就往 North 36th Street 走；若想在游行结束之后，和游行的花车照相，则往 North 34th Street 走。由于交通管制会提早开始，公交车届时会改道，因此看游行之前，要到 Metro 公交车网站上了解具体的交通管制时间。建议可以选择早一点到 Fremont，先去吃顿早午餐（brunch），再去路边找个好位置看游行。顺道一提的是当地颇有名气 The Essential Baking Company 的 Wallingford Café（网址：www.essentialbaking.com，地址：1604 N 34th Street；电话：206-545-0444），他们的面包与三明治相当受好评，甜点也令人垂涎欲滴。

　　在正午时分，首先登场的即为裸体单车骑士。裸体单车骑士的出现，肇因于早期的夏至游行过程中，有人以骑单车的方式裸奔，穿梭于游行中，逐渐演变为今日的单车骑士。其实单车骑士可以裸体，但不硬性规定，重点是以彩绘和造型将自己创意装扮。完全赤裸出现、没有装扮的骑士，反而吸引不了民众的观赏兴趣。在单车骑士群之外，单轮、三轮、直排轮、滑板骑士也不在少数。这些骑士在街上逗留 1 个多小时，游行队伍便出现了。

这群游行队伍以三千张咖啡滤纸制成礼服，华丽的程度不输名牌礼服

裸体单车骑士

游行队伍以自愿报名的方式参加，有的是社区的舞蹈团体，展现平时练舞的成果；有的是公益团体，以游行获得民众对议题的认同；有的是家庭档，扶老携幼共同参加。各个团体均精心打扮，让游行更欢乐、也更有乐趣。

夏至游行的时间，为 2～3 小时。游行队伍的终点站是一个公园，叫作 Gas Works Park（2101 N Northlake Way，从市中心可搭公交车 26 路到 Wallingford Avenue North 和 North 34th Street），游行队伍将游行使用的花车和道具陈列在此，让民众观赏、拍照。Gas Works Park 原来为天然气工厂，提供西雅图天然气能源，后来由西雅图市买下，于 1975 年改建为公园。每年 7 月 4 日的美国国庆日，Gas Works Park 是市民看联合湖区美丽烟火的最佳所在地。

游行一结束，为期两天的 Fremont Fair 便开始了（网址：www.fremontfair.org），地点就在游行街道 North 36th Street 旁边的 North 35th Street 和 Canal Street（网站的地图标示得很

清楚），不仅有艺术活动、音乐节目，以及许多艺术家在此摆设摊位，还有艺术车展示（Art Car Blowout），是个非常好玩的节庆活动。

Art Car Blowout

Art Car Blowout

Gas Works Park

Fremont Fair

船屋

经典
玩法
9

到联合湖看船屋

　　联合湖（Lake Union）的船屋（houseboat）因为电影《西雅图夜未眠》，成为举世闻名的观光景点。电影中男主角汤姆·汉克斯思念亡妻，以及女主角梅格·瑞恩为爱从巴的摩尔追寻到西雅图，让船屋也成为浪漫的象征。因为喜欢船屋，我找了一些数据，对西雅图船屋的历史做了些阅读。

　　其实船屋最早的起源，是渔夫和伐木工的休憩处。渔夫在夏天定期到普吉特海湾打鱼，类似泰国的水上人家；而伐木工为了砍伐漂浮在水上的树木，便以简陋的浮屋跟随。此时的船屋功能是为了工作方便，也省了住宿费用。

　　在1890年代之后，西雅图人开始租赁船屋，在夏天从事水上活动。1920

这是世界闻名电影《西雅图夜未眠》的船屋

年代，船屋已成为富裕人家在夏天到水边的避暑胜地，当然，船屋也不再简陋，而是经过精心整修和装饰。

1930 年代的经济大衰退，让船屋大量崛起，人们以最经济的方式，在水上建屋居住，以度过萧条，此时的船屋多达两千栋。

1950 年代，因为都市更新，也为了环境污染议题，西雅图市政府开始强力介入。船屋的屋主为了维护家园，开始组成住户管理委员会。他们协助住户申请贷款，以建立房屋的排水系统，让废弃用水不再流入湖中，造成污染。管委会也与议员沟通、游说，为不合理的法令松绑。

在 1960 年代之后，色彩缤纷的船屋吸引了建筑师的注意力，于是新型的浮屋（floating home）建筑方案，开始发展。这些船屋不再使用传统的废弃汽油桶或木头，而是使用具浮力的水泥或保丽龙。新型浮屋的高度也增加到二三层楼高。

因为法令越来越严格，联合湖区的船屋数量不到五百栋（尽管西雅图的船屋居住人口之多，仍居全美之冠），也因为稀有，船屋的价格居高不下。小型的船屋，面积也许只有客厅般大小，成交价格却足可购买市区的单栋房屋，这类传统船屋的住户类型，大多是专业人士、艺术家的年轻双薪族或顶客族。但后来新建的大型浮屋，除了得花费相当高的费用用于水上停泊（moorage）租用之外，还得聘任专业的建筑师设计施工，兴建费用也几乎是豪宅式无上限预算。这些新浮屋的屋主，富可敌国，买浮屋是为了投资。两种船屋，背景南辕北辙的屋主，也形成有趣的对比。

由于船屋的保安措施极为严格，因此到联合湖看船屋，仍以从湖上观赏最佳。西雅图的 Ride the Ducks（网址：www.ridetheducksofseattle.com）由水陆两栖式装甲车改造而成，除了带旅客下水到联合湖区看船屋之外，还提供携带游客观光市区的行程，一举两得。Ride the Ducks 在太空针塔对面有车次出发，目前在市中心的西湖购物中心门口也有发车，可直接在购物中心广场的售票亭买票。另一个行程是 Argosy（网址：argosycruises.com）的 Seattle Lakes Tour，费用较高，但一趟游两湖，包括联合湖和华盛顿湖（观光行程从 AGC Marina 出发，地址：1200 Westlake Avenue North，可从市中心搭公交车 17 路至 Westlake Avenue North 和 Highland Drive 交叉口，或是搭乘 South Lake Union 的 Streetcar 到 South Lake Union Park，再沿着 Westlake Avenue North 走 10 分钟到 Highland Drive 交叉口）。当然，无论是哪个行程，最后都会带领游客去参观那栋举世闻名的《西雅图夜未眠》船屋！

船屋

船屋

Ride the Ducks 观光车

Bicycle Sunday

经典玩法 10

骑单车游华盛顿湖畔

华盛顿湖（Lake Washington）是华州的第二大湖。举凡湖沿岸的城市，包括湖西的西雅图、湖东的 Bellevue、Kirkland 和比尔·盖茨豪宅所在地的 Medina、湖南的 Renton，以及湖中央的 Mercer Island，都成为华州重要的都市区。宽阔的湖面造就了宽阔美丽的视野，因此湖岸的住宅，许多都是豪宅，其中也包括比尔·盖茨、星巴克咖啡主席霍华德·舒尔茨等名人的亿万豪宅。

游览华盛顿湖景，可参加 Argosy（网址：www.argosycruises.com）的 Seattle Lakes Tour，既可以观赏美丽的山光水色，还可以看到名人的豪宅。

对西雅图人来说，赏湖的最佳方式，是沿着湖边的 Lake Washington

Boulevard 骑单车。在夏天，这条街道常可看到个人骑单车健身或单车团队，车辆在这条街的速限是 40 千米 / 时。在单线道的 Lake Washington Boulevard 驾驶，若遇到前方有单车，也不能按喇叭，只能等候时机，隔线超车。

　　每年5月初到9月底的星期日，从上午十点到傍晚六点，西雅图市政府在此举办Bicycle Sunday，从Mount Baker Beach到Seward Park大约6.5千米的路段，会于这段时间封闭车辆进入，让市民享受无拘无束的单车行（骑士必须戴安全帽）。对孩子来说，这是练习骑单车最好的机会。对于喜爱溜直排轮、踩滑板、健行的人来说，Bicycle Sunday也是最佳时机。

　　从南端的 Seward Park、Sayres Memorial Park、Lake Washington Boulevard Park、Leschi Park、Madrona Park，到 Washington Park Arboretum，将近 10 千米的路程，有好几个大型公园，却只有一个红绿灯。这条道路会受到单车骑士的欢迎，也就不足为奇了。

　　骑单车游览华盛顿湖岸，好处是可以健身，还可以掌握自己的行程，看到

华盛顿湖畔豪宅

美丽的公园或豪宅，能随时停下来浏览拍照。租借单车必须携带护照，以让店家辨认身份，再以刷卡的方式抵付押金，押金金额要看所租的单车质量，如果租的是专业性单车，押金较高。同时也别忘了租顶安全帽喔！

　　Bicycle Sunday 的日期和路线图，可以在西雅图市政府的官方网站（网址：www.seattle.gov）搜到。民间的非营利性组织 Cascade Bicycle Club（网址：cascade.org）亦参与活动协办，若有租单车的问题，可打电话或写电子邮件洽询。这个单车社团定期举办大小活动，包括用一至二天的时间，从西雅图骑单车至加拿大的温哥华或俄勒冈州的波特兰，活动非常抢手。若不骑车而只想在大马路上闲逛，可从市中心搭公交车 9 路到 Rainier Avenue South 和 South Genesee Street 的交接口，再转搭公交车 50 路 至 Seward Park 到 Seward Park（South Orcas Street 跟 55th Avenue South 交叉口），从这个公园可看见美丽的湖光山色，再顺着

比尔·盖茨的豪宅

湖岸的步道或 Lake Washington Boulevard 行走，是令人愉悦的健身之旅。

华盛顿湖也是西雅图夏季年度盛事 Seafair（网址：www.seafair.com）的重要举办场地。热闹的活动，从 6 月底展开，直到 8 月初的高潮活动——美国海军的军机 Blue Angel 和古董机在华盛顿湖上空的飞行秀，以及湖上的 hydroplane 水上快艇竞赛。这种 hydroplane 系以飞机的引擎发动，在竞赛中每小时的速度经常可飙至 322 千米 / 小时。由于前往的观众多达数千人，因此主办单位都会强烈建议民众搭乘大众交通工具前往，还安排接驳专车，并有专人指引民众交通路线，也会在网站上公布，十分便利。

Seward Park

华盛顿湖畔的飞行秀

利用单车和公车接驳，即可畅游各地

雷尼尔山（Washington State Tourism, Levy Sheckler 提供）

经典
玩法
11

到雷尼尔山和圣海伦火山健行踏青

位于华州西部著名的两座高山，一是圣海伦火山（Mount St. Helens），靠近俄勒冈州；一是雷尼尔山（Mount Rainier），这座高山靠近西雅图，与西雅图人的生活息息相关，也是华州最高的山。

雷尼尔山海拔 4 392 米，相对高度在世界排名第二十一，山顶终年积雪。在晴朗无云的天气下，雷尼尔山出现在天空的景象，好似计算机贴图，不太真实却十分美丽。据称在天气格外晴朗的情况下，从波特兰和温哥华甚至都可以看到雷尼尔山。

雷尼尔山由二十六条主要冰河所覆盖，高达93平方公里的面积，常年冰雪，山峰受到冰河覆盖的程度，为全美大陆四十八州之冠。山顶有两个火山口，地热让火山口边缘免于结冰，形成特殊的冰洞（Glacier Cave）。试图攀顶的登山客，每年有上万人，却有超过半数的人宣告失败。

望远镜可让游客看到雷尼尔山的冰河

在雷尼尔山有旅客信息中心，帮助了解山上的自然环境，还提供望远镜让游客观察冰河。由于纬度高，山上的天气与平地相差很大。在西雅图市区是夏天的气温，到了山上，可能是0℃。因此若计划参加雷尼尔山旅游，务必携带冬季的衣物。

想前往雷尼尔山，建议参加旅游团，这样可以基本保障交通安全。Grayline 有当天来回的行程（10 小时），也有不少旅行社提供行程（可洽询西雅图观光局），还可安排在山上国家公园的 Paradise Inn 过一夜。Paradise Inn 所在的高度约 1 645 米，只有夏天才开放。若怕人挤人，建议尽量选择周一至周五的行程。

有关雷尼尔山的信息，可参考的网站 www.nps.gov/mora/index.htm 和 www.visitrainier.com，前者是雷尼尔山国家公园的官方网站，气候信息更新迅速，后者是雷尼尔山所处的郡成立的网站。至于山上的住宿信息，可参阅 Mount Rainier Guest Services 的网站（网址：www.mtrainierguestservices.com）。

圣海伦火山距离西雅图约三小时车程。在火山爆发之前，被称为"美国富

雷尼尔山（Seattle's Convention and Visitors Bureau 提供）

雷尼尔山的资料展示

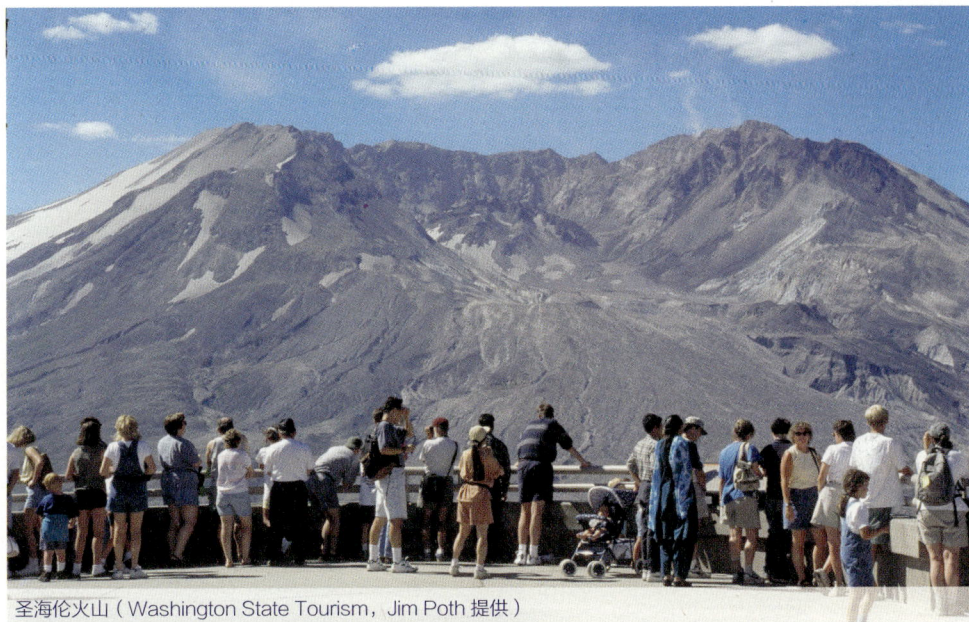
圣海伦火山（Washington State Tourism，Jim Poth 提供）

圣海伦火山（Washington State Tourism 提供）

圣海伦火山纪念馆

士山"。圣海伦火山曾在1980年5月18日爆发，造成五十七人、七千只动物，以及一千两百万条孵化场的鱼儿死亡，摧毁了二百个家园。这场火山爆发导致的山上的自然环境生态大变迁，也是学者致力研究的主题。在西雅图观光局，可查询前往圣海伦火山的旅游行程。有关圣海伦火山的信息，可上网查询（网址：www.fs.fed.us/gpnf/mshnvm）。

San Juan Islands 赏鲸（Washington State Tourism，Jim Poth 提供）

经典
玩法

12

圣胡安岛赏鲸

　　圣胡安岛在地理学上，共包含数百个小岛，分布于美国西北和加拿大的海域。对华州而言，最主要的三个岛屿就是 San Juan Island、Orcas Island 和 Lopez Island。这三个岛屿距离西雅图北部约 1.5 小时的车程。

　　在 5 ～ 9 月，是来 San Juan Islands 赏鲸的最好季节，在这一带出没的鲸鱼，主要以 Orca 杀人鲸为主，每年有五十万游客到此赏鲸。

　　西雅图有不少赏鲸行程，著名的有 Victoria Clipper（网址：www.clippervacations.com）。Victoria Clipper 是加拿大维多利亚港的旅游公司，提供多样化行程，包括到 San Juan Island 最大的城市 Friday Harbor 过夜，

San Juan Islands 最大城市 Friday Harbor（Washington State Tourism，J.Poth 提供）

而 Friday Harbor 有个鲸鱼博物馆（网址：www.whalemuseum.org）可参观。西雅图市民也喜欢到 Friday Harbor 踏青、露营、骑单车。

San Juan Islands 赏鲸（Washington State Tourism，Jim Poth 提供）

　　在西雅图市政府官方网站的观光信息页（网址：www.seattle.gov/html/visitor），也列出西雅图赏鲸行程，可查询参考。

　　有关 San Juan Islands 岛上的信息，可上网查询（网址：www.visitsanjuans.com）。

秋季 的西雅图

Fall

9 月初的劳动节（Labor Day）假期过后，暑假随之结束。尽管初秋的晴天仍有夏日的影子，让短衫和短裤偶有现身的机会，但随着转为浅黄或艳红的树叶，深秋的低温让人们开始拿出毛衣、风衣，也为寒冬悄悄地揭开序曲。

秋天的西雅图白天的平均气温为 20℃，晚上为 11℃。对中国南方的旅

景色优美的酿酒厂（Chateau Ste.Michelle 提供）

者而言，携带当地的冬装准没错。

　　与夏日的旅游高峰季节相比，秋天来西雅图旅游，少了喧闹，多了平静和从容。颜色鲜艳丰富的树林景观，忙着采摘松果过冬的松鼠，这种自在，是秋季旅游西雅图的特点。

　　秋天也正是华盛顿苹果采收之季。据闻若将华州每年生产的苹果，排成一列，可绕地球十二圈。秋天来美国品尝鲜脆美味的华盛顿苹果，保证没错！在鲑鱼季展开的同时，不妨搭专门的渡轮前往印第安村 Tillicum Village，品尝鲜美的鲑鱼，也体会原住民的丰富文化！

在 Salmon Days，游客到 Issaquah 的鱼梯看鲑鱼
（Washington State Tourism，Sunny Walter 提供）

经典玩法 13

巴拉德的水闸和鱼梯

巴拉德是紧邻 Fremont 西部的小区。这里有个水闸称为 Hiram M. Chittenden Locks，西雅图人简称 Locks。

Locks 由美国陆军工程兵团（US Army Corps of Engineers）管理，官方网址实在又臭又长，故在此提供市政府的旅游景点介绍网址：www.cityofseattle.net/tour/locks.htm，只要点网页文末的 Hiram M. Chittenden Locks，即可进入 Locks 的官方网站。

Locks 的功能，是因为联合湖和华盛顿湖并非密闭式湖泊，而是透过 Salmon Bay 和普吉特海湾连接。为避免海潮的涨落影响两湖的湖水高低，于是在 Salmon Bay 兴建水闸 Locks，锁住海湖的相连，并防止普吉特海湾的海水注入联合湖和华盛顿湖。

由于许多船只透过 Salmon Bay 进出两湖和普吉特海湾，因此 Locks 每隔数小时就会开放，让等候的船只进出。夏天的船只出入频繁，Locks 开放的次数较多，由于 Locks 两端的水位高低不同，游客便争相目睹船只的高度随着水位上升或下降的有趣景象，还可以看到各种造型的船只，十分有意思。

Argosy 提供 Locks 的行程，让游客体会穿过 Locks 的经验。这趟行程也包括游览艾略特湾，游客可从船上拍摄市中心的天际线，以及游览联合湖的船屋，从市中心的 Waterfront 56 号码头上船。

比较经济的方式，便是从市中心搭公交车 D Line 到 15th Avenue NW 和 NW Market Street，再改搭公交车 44 路直接到 Locks 免费参观（可告知公交车驾驶要到 Ballard Locks），因为这里有游客中心提供资料说明，还有广阔的公园，赏心悦目。在 Locks 看各种造型的船只，看 Locks 打开、关上，停留多久都没有问题。

到 Locks 旅游还有一个优点，就是可以参观鱼梯（fish ladder）。由于 Salmon Bay 水坝的建立，堵住了鲑鱼从海水游回淡水湖的水路，鱼梯于焉兴建，帮助鱼儿洄溯到淡水湖产卵。鱼梯旁有个观察室，游客可透过玻璃窗，观察鱼儿奋力往上跳鱼梯的过程。虽然观看鱼儿上鱼梯的高峰期是 7 ～ 9 月的产卵期，不过观察室全年对外开放，不同种类的鲑鱼，也会在不同季节至此洄溯上鱼梯，例如 Coho 鲑鱼在鱼梯现身的高峰期，是 9 月最后的两周，但直至 11 月底仍可见到 Coho 的身影。

从 9 ～ 12 月初，西雅图周遭许多卫星城市都会开设观察鲑鱼的导游行程，想参加这些行程，可到西雅图所属的景郡官方网站（网址：www.kingcounty.gov/salmon），在网页上看到 Salmon SEEson 两个字和鱼儿的图案，按下图案的链接，就能找到相关资料。值得一看的便是西雅图近郊城市 Issaquah 的鲑鱼孵化场（网址：issaquahfish.org），每年有数千名游客前来参观，是华州

Fall

最多游客到访的孵化场，不仅提供生态保护教育，还可以看到鲑鱼在拦水坝奋力往上跳的情况。秋季的产卵季期间，于周六有免费的参观行程，不需要事先预约；若想参加专人解说的行程，则需上网预约。Issaquah 每年 10 月初，还有两天的 Salmon Days，为鲑鱼的归回溪湖而举办庆祝活动。从市中心搭乘 SoundTransit 公交车 554 路到 East Sunset Way 和 Rainier Boulevard South 交叉口，即可抵达鲑鱼孵化场。

Locks

这个欢迎牌因为在电影中出现，目前也成为拍照热门景点

经典
玩法

14 《暮光之城》的吸血鬼爱情故事之城——福克斯

贝拉的生日派对

《暮光之城》系列小说的吸血鬼浪漫爱情故事，让故事所在地的福克斯（Forks）小镇——一个人口只有三千出头的小镇，顿时受到全世界的青睐。许多人也许不知道，福克斯这个城市的确存在于华州，而且在小说出版之后，也成为华州热门的观光景点，每年吸引世界各地成千上万的《暮光之城》迷，前往福克斯朝圣。

Fall

在2003年6月2日，小说作者斯蒂芬妮·梅尔做了一个梦，梦到一位女孩和一位全身发亮的俊俏吸血鬼在森林里的草地上展开密集的对话；他们彼此坠入情网，却也因为吸血鬼对人血的渴望，而陷入原始欲望的强烈挣扎。斯蒂芬妮·梅尔将梦境写下来，由此展开小说的撰写。梦境的内容，也就是小说《暮光之城》的第13章内容。斯蒂芬妮·梅尔选择福克斯作为故事背景，是因为福克斯位于奥林匹克半岛（Olympic Peninsula)，远离尘嚣；这里的降雨量之大，在全美名列前茅，终年阴暗的天空，苍郁的森林，让斯蒂芬妮·梅尔认为是吸血鬼故事的最好背景。

尽管斯蒂芬妮·梅尔在当年8月完成书稿，但若不是她的姐姐催促联络书商，全世界也许都看不到这一系列的畅销书。斯蒂芬妮·梅尔寄出十五封信，九封回信表示没有兴趣，五封信没有回音，仅有一封回信，来自于一家作家代理公司，要求斯蒂芬妮·梅尔将书稿前三章寄回阅读。一个月之后，一位作家经纪人与斯蒂芬妮·梅尔联络，《暮光之城》的小说时代，从此展开。有趣的是，斯蒂芬妮·梅尔在小说《暮光之城》完成之前，未曾来过福克斯；直到2004年夏天，斯蒂芬妮·梅尔的首次福克斯之旅，方才完成。

Dazzled by Twilight 的商品橱窗

　　我原本对于小说《暮光之城》并不热衷，但是在一次前往墨西哥的邮轮上，我看了电影《暮光之城》，顿时被那苍郁的森林和长满苔藓的巨石所吸引，让我开始对于拜访福克斯产生了兴趣（后来我才知道，电影在拍摄之前，曾来勘景，但并未实地在福克斯拍摄，而是在华州其他地区、俄勒冈州和加拿大的温哥华拍摄）。福克斯是个以筏木业为经济支柱的城市，在 90 年代因为筏木业势微，而让这个小镇的经济也受到影响。小说《暮光之城》的兴起，也让福克斯增添了新的魅力。

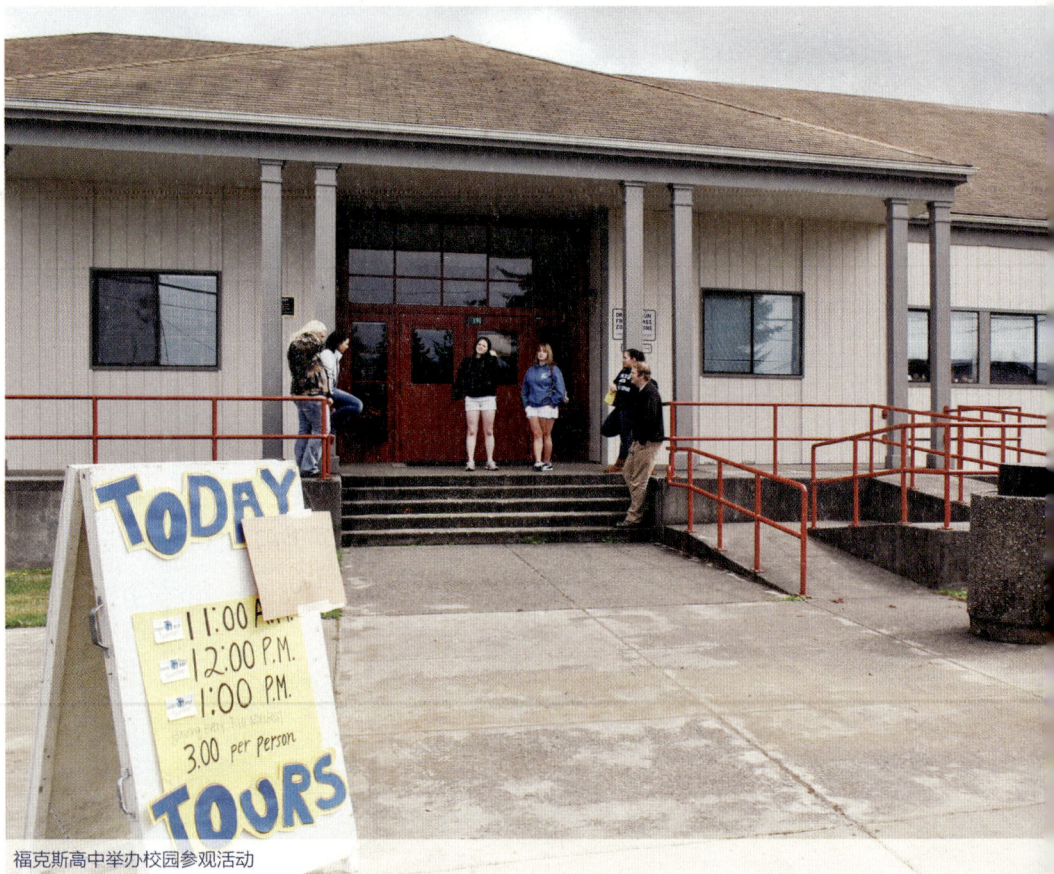

福克斯高中举办校园参观活动

在 2007 年，福克斯把每年的 9 月 13 日定为小说女主角贝拉的生日，同时也是福克斯的"斯蒂芬妮·梅尔节"。福克斯每年都会在贝拉生日当周的周末全镇总动员，为贝拉举办热闹的生日派对。贝拉的生日派对自 2007 年开始举办，最高纪录有七千位旅客前来参加。小镇的汉堡店也因此缔造销售佳绩，一天可卖出一万两千多个汉堡。

福克斯高中的校园导游，是热门的行程。虽然在小说中这个高中是贝拉和爱德华相遇之处，但电影取景的高中，实际上是华州的另一所高中 Kalama

FORKS HIGH SCHOOL
ADMINISTRATION
OPEN HOURS 7:30 AM-4:30PM
MONDAY-FRIDAY

《暮光之城》迷精心布置爱车，以庆祝贝拉的生日

福克斯高中的生物课，游客都变成学生

Fall

High School（外部取景）和俄勒冈州的 Madison High School（内部取景）。比起电影里的取景，福克斯高中的面积小得多。福克斯高中的校园导游由该校学生负责，从他们的侃侃而谈中，可以感觉到他们对能在这个世界知名的高中就读，感到十分光荣。

学生引领我们参观学校的文学课和社会课教室。我们来到生物课教室，也是贝拉和爱德华借着解剖研究洋葱的过程，展开对话之处。教室里有位如假包换的生物老师，询问大家洋葱解剖研究的答案，还真的有小说迷答对呢！

此外，小镇还举办各种竞赛，包括将车子以《暮光之城》为主题加以布置；也有看谁打扮得最像《暮光之城》的小说人物。

公园里甚至有各种食物和纪念品摊位，有个有趣的摊位，摊主是一位长得很像爱德华的俊俏男子，他将脸画得像吸血鬼一样苍白，让小说迷可以与他拍照留念。

《暮光之城》纪念品店

雅各的家

库伦医生的家

贝拉的家

库伦医生的停车位

在夜间，小镇的餐厅有乐队演奏；在拉布席（La Push）的 First Beach，则有营火和印第安故事的讲古活动。

周日下午是享用贝拉生日蛋糕的时刻，在公园里，人手一块蛋糕。活动的高潮则是抽奖活动，奖品就是与贝拉同款的 1963 年雪佛兰卡车。

福克斯有数家贩卖《暮光之城》纪念品的商店，从 Team Edward、Team Jacob 到贝拉、库伦医生各个人物的纪念品，应有尽有。福克斯还有两处地点，提供导游行程。我参加的是 Dazzled by Twilight 办的行程（可惜 Dazzled by Twilight 数年前遭祝融之灾，行程如今 Team Forks Twilight Tours 由网址：teamforks.com/），以专车带领游客参观小说《暮光之城》中提到的数个主角的居所，包括贝拉爸爸的家和警察局（警察局位于市政府）、雅各布和父亲居住的家。当然，这些建筑并不在小说或电影之中出现，而是因应旅游行程的规划，满足粉丝的需求。不过这些建筑仍具可看性，也与小说中的描述略同。贝

Fall

贝拉开的雪佛莱复制车

拉布席的 First Beach

拉爸爸的家是镇里少有的二层楼工匠风格房屋；雅各布的家专供出租（网址：www.jacobblackshouse.com），是 1950 年代兴建的农舍，原来租给来打猎的猎人或打鱼的渔夫，如今已成了《暮光之城》迷的热门憩息地点。我们在雅各布的家也巧遇参加角色扮演比赛的年轻人，看来他们把已经成为民宿的雅各布的家租了下来，还真是有心。拉布席的 First Beach，自然也是行程之一。

　　应小说迷、电影迷的需求，福克斯多了一些有趣的景点，例如福克斯商会办公室的门口，摆了一部贝拉所开的雪佛兰卡车同款车；小镇的医院有库伦医生的专属停车位；库伦医生的家在电影中美轮美奂，实际上该栋房子在俄勒冈州，因此福克斯根据小说的描述文字，以镇上的一栋民宿作为库伦医生的家（Miller Tree Inn Bed and Breakfast，地址：654 East Division Street，电话：360-374-6806，网址：millertreeinn.com）。据说该栋民宿的信箱，经常塞满粉丝给爱德华的信。如果你到福克斯商会的游客信息中心（Visitor Information Center，地址：1411 S Forks Avenue，电话：360-374-2531），可以领取纪念品 Twilight packets，包括海沙和《暮光之城》旅游地图。

拉布席的印第安滨海小屋

　　尽管住在福克斯镇的饭店比较方便，但我选择住在拉布席。拉布席距福克斯有 20 分钟左右的车程，属于印第安保留区，因此这里唯一的饭店，就是印第安奎鲁特族的滨海饭店 Quileute Oceanside Resort（ 网址: quileutenation.org）。

我选择住在滨海小屋，一打开落地门，就可望见美丽的太平洋海景，这也是我喜爱这里的原因。

滨海小屋附有厨房，厨房里有微波炉、冰箱。我们从西雅图出发时，携带小冰箱放置食物、饮料，以及一些干粮，因此可在小屋里烹煮简单的餐点。饭店的门口也有小杂货店和咖啡馆，可让旅客采买所需。晚餐则到福克斯镇上用餐。

喜欢露营的游客，拉布席有 First Beach、Second Beach 和 Third Beach 提供营区。

我们花了点时间，逛逛奎鲁特族的印第安保留区。这里有银发族中心，也有托儿所；有博物馆，也有教堂。我们看到奎鲁特族学校行政办公室，但更高兴的是，找到了奎鲁特族的高中，亦即小说中雅各布上学的高中，因为我实在太喜欢学校门口的图腾柱了。

Quileute Oceanside Resort

Quileute Oceanside Resort

奎鲁特银发族中心

在福克斯，外地来的《暮光之城》粉丝，均可感受到小镇热情的接待，粉丝有任何问题，镇民都会详细解答，充满了人情味；但是在奎鲁特族的印第安保留区，似乎就感受不到这样的响应，因为他们认为这些都是商业噱头（gimmick）。不过我们倒是在这里买到好吃的印第安烤鲑鱼，这可以说是另一种收获。

Fall

奎鲁特族的学校

奎鲁特高中，亦即雅各上学的高中

贝拉的意大利晚餐

安吉拉斯港（Port Angeles）距离福克斯约 1.5 小时的车程，这里的意大利餐厅 Bella Italia（网址：bellaitaliapa.com），因为电影而声名大噪，而贝拉点的蘑菇意大利饺（Mushroom Ravioli）固然因为电影成名，但其用料新鲜、酱汁浓厚，十分可口，水平足可媲美大都会的餐厅。餐厅似乎也很习惯《暮光之城》粉丝的到访和拍照（有的粉丝还指定电影里贝拉和爱德华的座位），服务一级棒。若有机会到安吉拉斯港，一定要来这家餐厅用餐。

《暮光之城》景点旅游的行程安排

福克斯商会的网站（网址：forkswa.com）提供详细的食宿信息，以及活动信息。镇上的 Pacific Inn Motel（地址：352 South Forks Ave，电话：360-374-9400，网址：pacificinnmotel.com）提供数间 Twilight Room，陈设《暮光之城》电影主角的照片和配件，十分热门，尤其是在"史帝芬妮·梅尔节"当周，房间在半年之前即被订光。福克斯商会的网站还标示与小说《暮光之城》相关的旅游景点。旅游这些景点，最好的方式是参加旅游团，行程约 2 小时。提供行程的旅行社是 Team Forks（网址：teamforks.com），这里安排的行程，让人有更多时间停留在 La Push 海边。

Bella Italia

Bella Italia 隔壁的书店

由西雅图前往福克斯的大众交通工具并不方便，但仍可由西塔机场搭小飞机或接驳车转公交车前往，建议出发前，先洽询福克斯商会询问清楚，以确保旅游平安。

Tillicum Village 看印第安文化

随着《暮光之城》系列小说的畅销，"印第安文化"也随之升温。位于布雷克岛的 Tillicum Village（网址：tillicumvillage.com），可从西雅图市中心Waterfront 的 55 号港口直接搭船 Argosy Cruise 前往，欣赏印第安文物和舞蹈，并享用印第安人传统的烤鲑鱼，是体验印第安文化最便利的旅游方式。

Fall

微软园区

经典玩法 *15* 微软园区和微软访客中心

　　Redmond 位于西雅图东部约 1 小时车程的地方，是微软园区的总部。微软园区的建筑物，外观相似，很容易就让人走错了方向。微软访客中心（Microsoft Visitor Center）目前搬迁到新地点（地址：15010 NE 36th Street，Microsoft Campus，Building 92，Redmond，WA 98052，电话425-703-6214），开放时间是周一至五上午九点至下午七点。访客中心的网址很长、很复杂，而且没有太多讯息，在此就不提供网址了。只要在搜索引擎Bing 键入 Microsoft Visitor Center，相关网址立即会列出。从西雅图市中心搭乘 Sound Transit 公交车 550 路到 Bellevue Transit Center（转乘中心），再改搭 Metro 公交车 B Line 至 156th Avenue NE & NE 31st Street 交接口（告知公交车驾驶要在 148 Avenue Northeast 和 Northeast 36th Street 交叉口附近下车）。

由于访客中心的位置就在园区内，因此在停车场和大厅即可见到不少微软员工，因为工作行色匆匆，非常有意思。微软访客中心偶尔会因为其他用途而关闭，出发前，最好先打电话确认一下。

访客中心系从他处迁居至此，许多陈设的展示也不相同，不过以微软当年的创办人团体照制成的广告牌仍旧相同。比尔·盖茨和保罗·艾伦，可谓"西雅图之光"。他们两人因就读私立中学 Lakeside School 而相识，连这间学校，也成为热门学校，经常得排好几年，还不见得进得去。

而今比尔·盖茨退居幕后，受到妻子热衷公益事业的影响，以夫妇两人的名字成立基金会，帮助全世界落后国家的医疗、环境等议题。盖茨夫妇甚至影响了股神巴菲特，允诺身后捐出庞大家业给盖兹基金会。而保罗·艾伦则成为投资家，投资项目包括飞机、宇宙飞船、职业橄榄球和西雅图的房地产；他对西雅图的公益活动，亦十分热心。

访客中心对门即纪念品商店，可购买印有微软商标的商品，从钥匙圈、T恤到提包，应有尽有，是购买纪念品送人的好所在。

微软访客中心即位于这栋大楼中

Oktoberfest

16 经典玩法

文化荟萃的节庆活动

Bumbershoot 音乐艺术节

　　9 月初的劳工节假期，是美国西北最大的文化艺术节 Bumbershoot 的举行日期，地点在西雅图中心。这三天里，除了太空针塔之外，想进入西雅图中心，必须购买 Bumbershoot 的门票（网址：bumbershoot.com），才能入场。

　　三天的活动中，包括音乐、艺术、电影、脱口秀节目，有不少来自美国、加拿大各地的乐迷前来参加。参加音乐艺术节的表演艺术工作者，有的具备相当知名度，例如 Kenye West、The Black Eyed Peas 等，也有西雅图当地的艺

Bumbershoot

术家和来自世界各地的艺术家。2010 年适逢这个音乐艺术节四十周年，主办单位特地请来 Bob Dylan，数万张票在音乐艺术节开幕之前，就完全卖光，也创下纪录。

　　Bumbershoot 也有艺术家摆设摊位，贩卖自家设计的珠宝、饰品、画作等。但会中最忙碌的摊位，大概就是美食摊位了。

Fall

乡村市集的 Puyallup Fair

9月华州还有一个有趣的节庆活动，叫做 Puyallup Fair（网址：thefair.com）。Puyallup 位于西雅图南部约1小时车程的地方。为期近三周的 Puyallup Fair 呈现典型的乡村市集（country fair），有牛羊的品种展示和竞赛，这些牛儿、羊儿，让大朋友和小朋友兴奋得睁大双眼；小朋友还有机会练习挤牛奶，因此这里总是大排长龙。

Puyallup Fair 有各种食品和商品摊位展售，还有小朋友最喜欢的游乐场。Puyallup Fair 也有音乐节目，有些免费，有些则需要另外购票入场。

Puyallup Fair

Puyallup Fair

德国村的啤酒节

Leavenworth 位于西雅图东方约 3 小时的车程，是华州著名的德国村，处处可见巴伐利亚式建筑。每年 10 月的前三个周末，就是最著名的啤酒节（Oktoberfest，网址：leavenworthoktoberfest.com）。许多德裔美国人，都会穿着日耳曼传统服装前来参加节庆。

啤酒节的序幕，是周六正午的小游行，地点在市中心最主要的街道 Front Street。人们穿着日耳曼传统服饰，搭乘马车游行。公园也有许多活动和摊位，让大小朋友看得高兴、玩得开心。

啤酒节的主办地点虽位于 Front Street，但不是在市中心。从市中心的公园往东北步行约两百步的距离，即可抵达。门票可事先于啤酒节的官方网站购买，也可于现场购买。小朋友可以入场，但晚上 9 点之前，必须离开会场。

Fall

啤酒节的现场有四个帐篷，由不同的乐团演奏德国音乐。若想购买食物和酒类，必须先在现场购买票券，再使用票券采买饮食或酒类。在这里，大家可以拿着啤酒杯和烈酒杯四处走，华州的法令在"啤酒节"破除了（华州对酒的法令十分严格，卖酒的地方不准未成年人进入，而且禁止在路上拿着酒杯喝酒）。

每个乐团虽然都演奏和演唱德国音乐，但风格截然不同。有浪漫的女性演唱、舞蹈和柔美的手摇铃示范，也有豪迈气息的男性演唱，更有热门摇滚风格。无论是哪个乐团上台表演，都有个共同点，就是都会演唱两首歌。一首是类似敬酒的歌曲，大家唱完后，随即喝酒干杯。各乐团每唱个三四首歌，就会唱起这首歌，带领大家干杯。另一首是家喻户晓的 Chicken Dance，十分逗趣。只要乐团一开始演奏，大家就抢着站到舞台中央，围成一圈，无论相识与否，大家会携手并肩，跳起 Chicken Dance。只要来一趟 Leavenworth，保证可以学会。

前往 Leavenworth 最方便的方式，便是搭 Amtrak 火车（网址：www.

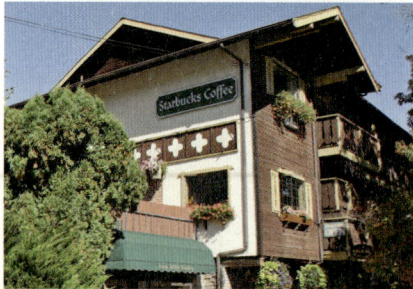

Leavenworth 到处充满巴伐利亚的建筑风格，连星巴克也不例外

Oktoberfest

Oktoberfest

Leavenworth 到处充满巴伐利亚的建筑风格，连星巴克也不例外

amtrak.com）至 Leavenworth（LWA）这一站，再从火车站搭乘 shuttle 前往住宿的饭店（shuttle 必须事先预约，并了解价格）。也可询问西雅图观光局是否有特定的旅游团，从西雅图出发。既然是啤酒节，大家或多或少都会喝酒，因此在寻找住宿地点时，距离啤酒节举办地点越近越好，就无须担心酒后开车的问题。因为这个啤酒节相当受欢迎，许多饭店甚至早在一年前就被订满。几乎所有的住宿饭店在这段时间，只接受两夜以上的预约，不接受只过单夜的住宿。有关当地的住宿、火车与驳车交通，可于 Leavenworth 的观光官方网站（网址：leavenworth.org）获得信息。

Redhook

经典玩法

17

酒庄之旅和啤酒之旅

　　大家都知道西雅图以阴雨绵绵闻名，却可能不知道华州的酒也很出名，产量占全美第二，仅次于加州。这是因为喀斯开山脉（Cascade Mountains）的阻隔，阻挡了来自太平洋海岸的雨水和湿气，让华州东部的哥伦比亚河流域形成了干燥、适合生产葡萄的区域。

酒庄之旅

　　Woodinville位于西雅图东北方40分钟到1小时左右的车程。因为华州知名的酿酒业者Chateau Ste. Michelle（地址：14111 NE 145th Street，Woodinville，电话：425-415-3300；网址：ste-michelle.com）在这里设置办公室，也吸引了华州许多酿酒业者和零售酒商，在此设立营销据点。

圣密夕酒庄（Chateau Ste. Michelle）是全美最大的莱茵白葡萄酒（Riesling）单一制造厂商，有不少产品获得极高的品酒评价。这里的办公室，也提供免费的酿酒和品酒之旅，过程约1小时。

在导游过程中，有专人解说酒的制造过程，游客可看到酿酒和瓶装的机器设备，最后游客可免费品酒。如果愿意的话，游客可另外付费品尝等级更高的酒，倘若喜欢，当然还可直接购买。

这个免费的参观行程，小朋友也可以参加。当然，未成年者是不可以参加品酒活动的。建议旅行的朋友带着护照前来参加，在遇到看证件确认年龄的要求时，即能提供护照作为识别。

每年夏秋之际，Chateau Ste. Michelle都会在此举办夏日演唱会（Summer Concert），吸引数千人参加，也成为Chateau Ste. Michelle的特色之一。演唱会门票可于Chateau Ste. Michelle的官方网站购得。

在Chateau Ste. Michelle门口的正对面，是另一家酒商Columbia Winery，那里只提供销售服务，但在购买之前，可获得免费品尝的机会。

从Columbia Winery门口往坡下走约百步，即可抵达Redhook啤酒厂（Redhook Ale Brewery），这个啤酒厂附设餐厅，让游客用餐之际，即可直

Chateau Ste.Michelle 正门口

Columbia Winery

Fall

夏日演唱会（Chateau Ste.Michelle 提供）

The Herbfarm

接品尝他们的啤酒。

除了上述地点之外，这附近提供品酒的零售酒商多达数十家。

品酒固然是种享受和乐趣，但"喝酒不开车"更是重要，否则遇上警察取缔，就非常扫兴，因为酒驾在美国被视为非常严重的违规行为，所以建议想参加酒庄之旅，最好跟随旅游团（可询问西雅图观光局有关 Woodinville winery tour 的旅游行程）。一来这里的酒庄并没有公交车直接抵达，跟团可免除交通安排之苦；二来旅行团也能配合顾客的品酒喜好加以安排。另一种方式，就是住宿在当地的饭店。此处最近的饭店是 Willows Lodge（网址：willowslodge. com），可采用步行的方式前往上述的酒庄。

Willows Lodge 附近有家餐厅 The Herbfarm（地址：14590 NE 145th Street，电话：425-485-5300，网址：theherbfarm.com），所有食物材料完全来自当地，被知名的 Zagat 评论为大西雅图地区最好的餐厅之一。

若不嫌路途遥远，还可以安排到更远的哥伦比亚河流域，看看那里的酒庄、葡萄园，顺带享受西雅图没有的晴朗天气。行程内容可洽询西雅图观光局服务台。

派克市场的啤酒之旅

西雅图市中心的派克市场，有一家小型啤酒制造厂 Microbrewery（The

Pike Brewing Company），生产派克啤酒（网址：pikebrewing.com，地址：1415 First Avenue，电话：206-622-6044）。这里还有一个小酒馆，是想体会夜生活的游客可考虑的好去处。

酒馆位于大楼地下室。一进大楼，即可看到派克啤酒的酿酒设备，从地下往楼上凸起，至今仍是生产派克啤酒的主要设备。

派克啤酒为了教育消费者了解啤酒的制作过程，免费让游客参观啤酒的制造过程。在酒馆的一隅，陈列了各种不同的啤酒原料，游客可品尝，以了解这些原料的香味。接着游客即可参观啤酒酿造生产处，了解啤酒的酿造和装瓶。

参观啤酒生产过程是免费的，但参观时间必须配合派克啤酒制造厂，以免打扰生产啤酒员工的工作。为了配合周末酒馆的忙碌，周二至五下午，是最好的参观时间。

派克啤酒厂和 pub 入口

派克啤酒厂的酿酒设备，就在 pub 上方

pub 的吧台和啤酒生产设备，一体成形的设计

地下楼层即是派克啤酒 pub 入口

Fall

冬季 的西雅图
Winter

　　西雅图由于濒临普吉特海湾，接近太平洋，温润的水气让西雅图市区的冬季不过于酷寒，白天平均气温约为9℃，晚上约为3℃。平地下雪的概率不大，不过一旦下雪，即使是区区几英寸的积雪，也会让人车在高低起伏的坡地上，寸步难行。因此冬季前来西雅图，要多查询气象预报信息，来西雅图之后，也要每天查询隔天的天气，为出门旅游做

好万全的准备。冬季昼短夜长，上午八点左右天才会完全亮，下午四点就开始天黑了。随身携带小手电筒，旅游会更便利。

美国各公共场合室内都有暖气，一般的长袖衣衫、长裤便已足够保暖；户外旅游，则外搭毛衣或夹克，最后穿上长大衣加围巾，也别忘了手套和帽子。若想去雪地旅游，雪靴和雪衣、雪裤，更是少不了的配备。

因为时间临近美国圣诞节和新年假期，所以采购礼物几乎是美国冬季的全民运动，从 11 月底感恩节第二天的"黑色星期五"，直到元旦新年假期，商家无不卯足了劲儿促销。精打细算的"血拼"行家冬天来西雅图旅游，绝对不会空手而归。

Westlake Center

18

圣诞季到西雅图"血拼"

美国的零售业者最重视的销售季节，莫过于年底的圣诞季，因为这段时间的销售业绩，甚至可占全年营业总额的 20%～40%，因此各家企业无不卯足全力促销，让消费者心甘情愿地掏出荷包。

圣诞季的"血拼"季节，自 11 月第四个周五的"黑色星期五"（Black Friday，也就是感恩节的翌日）开跑。精明的消费者，会订阅免费的电子邮件，提早收集促销商品信息。而感恩节当天的报纸，更是塞满厚厚的促销传单，让消费者在感恩节吃火鸡大餐的同时，就能拟订好"血拼"计划。

　　如果刚巧在感恩节假期来美国观光，可事先订阅 Black Friday 的电子报收集情报；也可在感恩节前一天，到超市买份报纸，了解"黑色星期五"当天各商家的开店时间（有些商店甚至凌晨十二点就开店，以便于在人潮和钱潮上抢先机）。只是感恩节是美国的重要节日，和华人的农历除夕类似，大部分的商店和餐厅都不营业，有些超市上午会开门，因此要事先打听清楚，以免陷入找不到餐厅、买不到食物的困境。

　　在"黑色星期五"到新年假期这段期间走访西雅图，悠游于市中心商圈，别具匠心的圣诞布置、热闹的圣诞音乐、缤纷的圣诞活动，即便在寒冬里逛街，气氛也格外地温馨，因此是我最喜欢的"血拼"季节。

西雅图市中心商圈

　　市中心商圈（downtown）在"黑色星期五"当天上午有感恩节游行活动，傍晚则有圣诞树的点灯仪式；在圣诞假期间，各商家会推出特别的圣诞活动，并将收益用于公益活动，例如商圈的西湖公园会安置旋转木马（carousel）游乐区、喜来登饭店（Sheraton Seattle Hotel）则有姜饼屋造型活动、费尔蒙奥林匹克饭店（The Fairmount Olympic Hotel）的泰迪熊屋。商圈四周的圣诞灯饰和装饰，让人即便只走在大道上，也是一种享受。

姜饼屋造型活动

Nordstrom 百货

Winter

Pacific Place

市中心商圈的大型著名商店包括：

✪ 诺斯特百货（Nordstrom）：这个发迹于西雅图的百货公司，遍及全美。店里轻扬的音乐、高质感的商品、优良的顾客服务，赢得不少"死忠"顾客。在圣诞季节，诺斯特百货公司都会特别精心布置一间圣诞老人的小屋，让小朋友和圣诞老人合影。每年的圣诞季，在圣诞老人的小屋前，爸妈们都会带着盛装打扮的小朋友大排长龙，这也成了有趣的圣诞街景之一。

✪ 诺斯特畅货商店（Nordstrom Rack）：仅有数街之隔的同名商店（已迁至下述的西湖购物中心），在此期间将贩卖诺斯特百货的过季商品。让不赶流行的消费者享有便宜的折扣，也能够买到精致的商品。

✪ 太平洋购物城（Pacific Place）：集高档服饰、名牌珠宝、家装、书店、电子商品、餐厅于一身的购物中心，甚至还有电影院。

✪ 西湖购物中心（Westlake Center）：除了购物之外，顶楼的美食街（Food Court）价格低廉，食物多元。在昂贵餐厅林立的市中心，若只想快速饱餐一顿，这里是最好的去处。购物中心顶楼也是搭乘单轨观光电车（Monorail）到西雅图市中心的起始地点。

✪ 梅西百货（Macy's）：美国最著名的连锁百货公司。从

西湖购物中心（Seattle's Convention and Visitors Bureau 提供）

Winter

135

市中心圣诞节的旋转木马

梅西百货的星星和西湖购物中心的圣诞树，是西雅图市中心圣诞季的地标

服饰到家居商品，在梅西都找得到，是选购圣诞商品的好去处。

⭐ 林立的名牌商店：想知道市中心商圈有哪些名牌商店，可上西雅图市中心协会（Seattle Downtown Association）的网站（网址：downtownseattle.com）查询，这里不仅提供商圈的商家列表和地址，还提供市中心商圈的最新活动讯息。

贝尔维的奢华购物中心

贝尔维（Bellevue）是个快速发展的新兴城市，和西雅图隔着华盛顿湖遥遥相对。市中心的 The Bellevue Collection，位于 Bellevue Way 和 Northeast 8th Street 交叉口（网址：bellevuecollection.com，可从市中心搭 SoundTransit 公交车 550 路线抵达），包含三大购物商城——Bellevue Square、Bellevue Place 和 Lincoln Square。这三个购物商城，位于同一个十字路口，利用天桥彼此连接，方便消费者进出。

在圣诞季期间，The Bellevue Collection 每晚都有 Snowflake Lane 活动，有打扮成玩具兵的鼓手到街上游行，随着音乐击鼓；还有企鹅、麋鹿与小朋友握手、舞蹈，大楼建筑也会飘下雪花，为顾客增添圣诞的欢乐。

百货公司请小朋友画出最喜爱的厨师，将绘画拍卖，收入捐给慈善机构，帮助更多人有个温饱的圣诞节

Lincoln Square

The Bellevue Collection 有不少知名的品牌，还有凯悦饭店和威斯汀饭店。另外，鼎泰丰在美国的第二家分店、同时也是美国第一家加盟店，于 2010 年底进驻 Lincoln Square，让精致的台湾美食惊艳大西雅图地区。用餐时间，鼎泰丰门口总是挤满了等位的顾客。而微软也在 Bellevue Square 开设了美国第七家、也是华州第一家微软零售商店。

西雅图名牌畅货中心

Seattle Premium Outlets 这个畅货中心（地址：10600 Quil Ceda Boulevard, Tulalip，电话：360-654-3000，网址：www.premiumoutlets.com，进入网页后选择地点 Seattle）虽然以西雅图为名，其实位于西雅图北方约 37 英里（约 60 公里）的地方。只是这里名牌齐聚，就连加拿大人也喜欢穿越美加边境前来"血拼"。从衣服、鞋子、皮包到家电，一应俱全。

美中不足的是，大众交通运输稍嫌不便。若从西雅图叫车前往，方便省时却所费不赀；若从西雅图市中心搭乘公交车，必须转三次车——从市中心搭 Sound Transit 公交车 510 路至 Everett Station，再转搭 Community Transit 公交车 201 或 202 路至 State Avenue 和 Grove Street 交叉口（可至网站打印公交车路线图和班次时间表，网址：commtrans.org），最后在此转搭 Community Transit 公交车 222 路至 105th Street Northeast 下车，颇为耗时（要注意的是

Winter

鼎泰丰西雅图分店

Snowflake Lane 圣诞活动的王子与公主造型，是许多人喜爱的拍照对象

Seattle Premium Outlets

Seattle Premium Outlets

222路公交车周日和法定假日停驶）。畅货中心网站亦提供数家shuttle的电话，虽然比公交车贵些，但对于血拼族来说，省时省力，十分值得。

不过对于血拼族而言，Seattle Premium Outlets 绝对值得前往。前往的时间，最好在周一至五期间，也最好避开交通乘车高峰时段时间（例如下班时间五到七点）。建议花个半天或一天的时间来此"血拼"，铁定会大有斩获。这里的畅货中心还有美食街，即使逛一整天也不用担心饿肚子。

这个畅货中心还有另一个姐妹店North Bend Premium Outlets（地址：461 South Fork Avenue Southwest, North Bend，电话：425-888-4505，网址：www.premiumoutlets.com，进入网页后选择地点North Bend），规模虽然较小，但名牌商店不少，公交车也容易搭乘（从西雅图市中心搭乘SoundTransit公交车554路至Issaquah Transit Center，再转搭Metro公交车208或209路至终点站Factory Stores of North Bend；也可叫车，不过费用较高），亦是逛名牌的好去处。附带一提，知名的瀑布Snoqualmie Falls也在这附近。

Seattle Goodwill 的 Glitter Sale

经济实惠的二手衣物商店

Seattle Goodwill（网址：seattlegoodwill.org）是非营利性机构，在华州设有二十家商店。将民众或企业捐赠的衣物，加以过滤、整理之后，于商店出售。营业的收益用于开设免费的职业培训（job training）和教育课程，帮助弱势群体获得谋生技能。而这二十家商店，也成为弱势群体最佳的在职训练场所。

由于价格低廉，且经常可以找到物超所值的商品，精明的古董商、二手商店经营者，更视 Seattle Goodwill 为淘宝之地。来西雅图观光，如果不幸遗失行李，急需换洗衣物，Seattle Goodwill 是值得推荐的采购之处。每年 11 月中在西雅图旗舰店（地址：1400 South Lane Street，电话：206-860-5711）举行为期两天的 Glitter Sale，是民众抢购便宜名牌货的好时机，因此店门口一大早便大排长龙，等着入场。从市中心到西雅图旗舰店，可搭 Metro 公交车 7 路到 Rainier Avenue South 和 South Dearborn Street 的交叉口，再沿着 South Dearborn Street 走，第一个红绿灯口，即为西雅图旗舰店。亦可从华埠步行前往，从"陆荣昌博物馆"沿着 S King Street 走约四个街口（Google 地图有清楚的标示）。

Winter

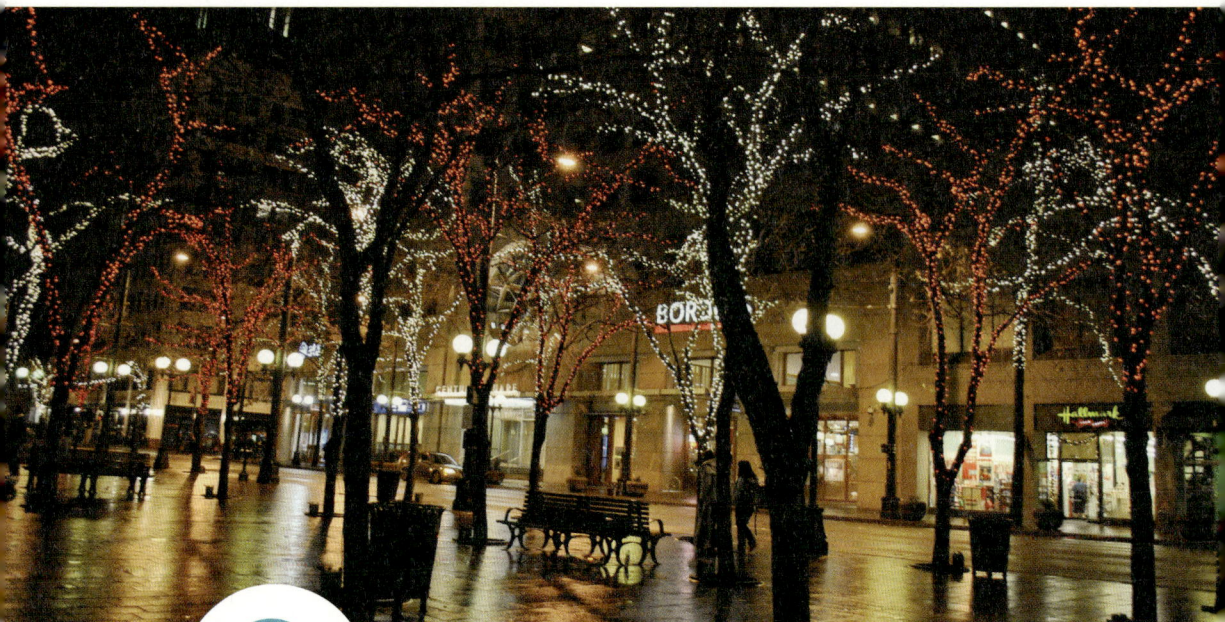

西雅图市中心圣诞灯饰景色

经典玩法 19

在静谧的冬夜下，欣赏西雅图的圣诞灯饰

市中心琳琅满目的圣诞活动

西雅图的市中心商圈在"黑色星期五"上午，固定会举办感恩节大游行，为圣诞季揭开序幕；而傍晚则有圣诞树的点灯仪式，西湖购物中心门前的广场，总是挤满了成千上万的民众，争相目睹圣诞树点燃的一刹那。市中心商圈的商家，则举办不同的圣诞活动，这些活动可于网站取得信息（网址：

downtownseattleevents.com）。

此外，在西雅图中心历年举办的 Winterfest，也是西雅图的冬季盛事，节目囊括音乐、戏剧、舞蹈；而室内滑冰（Ice Ring）更是 Winterfest 的代表活动，就连不会滑冰的小朋友，也可利用辅助工具下场溜冰。Winterfest 每年的活动内容，都会公布于西雅图中心的网站（网址：seattlecenter.com）。

小社区的美丽圣诞灯饰

西雅图的小区"拉温纳"（Ravenna）与意大利的都市同名，这里有一条小巷，在每年的圣诞季，巷子里的各家住户会把家里内外精心布置上美丽的圣诞灯饰，因此赢得了"拐杖糖巷"（Candy Cane Lane）的美誉。西雅图人也都喜欢每年来这里逛逛，看看美丽的圣诞灯饰。巷子沿路的住户只有十来户，但每位住户都将家里家外布置得美轮美奂。

这条拐杖糖巷位于拉温纳公园（Ravenna Park）附近，地点在 Northeast Ravenna Boulevard 和 Park Road Northeast 的交叉口。可从市中心搭公交车 15 路至西雅图中心，再于 First Avenue North 和 West Republican Street 交叉口，搭乘公交车 30 路到 Northeast Ravenna Boulevard 和 21st Avenue Northeast 交叉口。

拐杖糖巷住户的圣诞灯饰

拐杖糖巷住户的圣诞灯饰

圣诞船

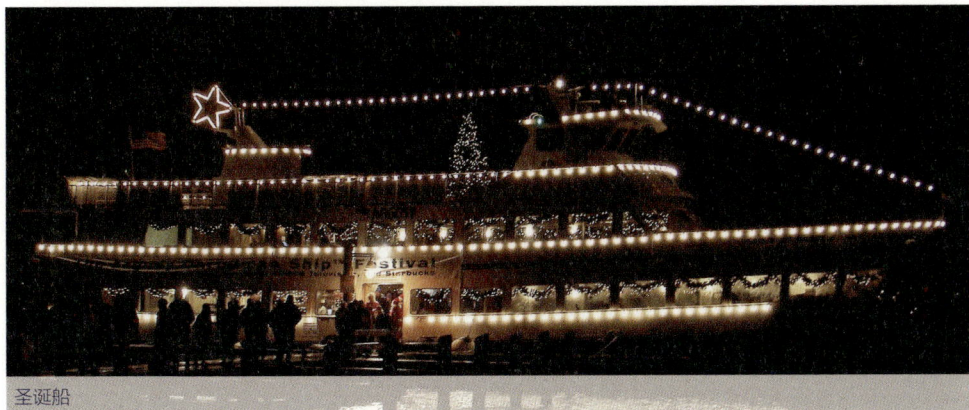
圣诞船

湖上的圣诞船

从感恩节后到平安夜，圣诞船是华盛顿湖上最美丽的焦点。圣诞船几乎每晚都有，不但每班船上的圣诞节目表演不同，行驶的航线也不尽相同，可以让游客有多重选择。船上的座位并没有预订，因此想找到好位置，最好提早到场。

游客若选择在船上用餐，可预先购买餐盒，各式冷热饮可在船上随时购买。船上也为小朋友准备美术手工艺活动，让小朋友不觉无聊。但更多的小朋友则喜欢和爸妈到甲板上，欣赏山光水色和拍照。天黑之后，湖岸的点点圣诞灯饰是最美丽的夜景。

圣诞船的票可于 Argosy 的网站预订（网址：argosycruises.com），在网站上找到 Theme Cruises 的单词后，即可前往 Christmas ship 的单词处购票。因为圣诞船每趟行驶的路线不同，有些圣诞船从 Waterfront 的 56 号港口上船，有部分圣诞船则从其他港口上船，因此在购票之前，先询问清楚，以安排前往的交通方式。

植物园的圣诞灯饰

贝尔维植物园（Bellevue Botanical Garden，地址：12001 Main Street，

Winter

Garden d' Lights

Bellevue，电话：425-452-2750，网址：bellevuebotanical.org）的面积约为0.15平方公里，是台北植物园的两倍大，是华州居民认识植物和健行的好去处。这个植物园的最重要年度活动，就是花园圣诞灯饰Garden d' Lights，每年吸引十万余民众前来参观。

花园圣诞灯饰结合现成的园艺展示区，结合圣诞灯饰立体呈现植物和动物的自然之美，每年都有数百位志愿者参与圣诞灯饰的装置。植物园还开课让大众学习如何用灯饰装置家里植物。

植物园平日免费参观。花园圣诞灯饰则鼓励民众捐款，捐款将用于该活动的经费支出。前往植物园可从市中心搭乘 Sound Transit 公交车 550 路至 Bellevue Transit Center，再转搭 Metro 公交车 271 路至 116th Avenue Southeast 和 Southeast 1st Avenue 交叉口下车（可告知驾驶要到 Bellevue Botanical Garden）。

动物园的圣诞灯饰

塔科玛市（Tacoma，距离西雅图南方大约 1 小时的车程）的动物园与水族馆（Point Defiance Zoo & Aquarium），位于占地 29 英亩的公园里。每年的动物园圣诞灯饰（Zoolights）期间，将会使用五十多万盏圣诞灯饰布置动物园和水族馆区，并借此展现华州著名的自然景观。

这个圣诞灯饰的最大特色，是动物园在夜间开放部分的动物展示区，让小朋友在参观灯饰的同时，还可看到部分动物。动物园更提供让小朋友骑骆驼。

动物园圣诞灯饰也鼓励民众携带家里的旧圣诞灯饰前来回收。这个资源回收活动的发起人是一个小学女生，为了不让旧的圣诞灯饰被当作垃圾丢弃，于是发起这个资源回收活动，所得经费则用于动物保护。

动物园圣诞灯饰必须购买门票入场。从西雅图前往塔科玛动物园，可在市中心搭乘 SoundTransit 公交车 594 路，或是 Sounder 火车至塔科玛巨蛋（Tacoma Dome Station），再改搭 Pierce Transit 公交车 41 路（这个公交车开到了塔科玛市中心，线路号码会换成 11 路，继续前往动物园）。公交车和火车的时刻表，可于 Sound Transit 的网站获得信息（网址：soundtransit.org）。

动物园圣诞灯饰

Winter

145

动物园圣诞灯饰

德国村的圣诞点灯仪式

若想体会欧洲风情的圣诞节庆气息，Leavenworth 是最好的选择。12 月的

动物园圣诞灯饰

在 Leavonworth 的白雪中乘坐马车（Washington State Tourism 提供）

前三个周六和周日的下午一点，会有圣诞老人出现在小镇，开启整个下午热闹的音乐和表演节目，直到下午四点半，就是视作重头戏的点灯仪式 Christmas Lighting Ceremonies，整条街的商家和沿街的圣诞灯饰将同时点燃，燃起民众的欣喜之情。

在圣诞季节前往 Leavenworth，除了 Amtrak 火车和私人叫车之外（详情可参阅经典玩法 16 的"德国村的啤酒节"），还有三班白雪火车（snow train），提供专程前往参观点灯仪式的游客搭乘。白雪火车的购票方式，可参阅网站（网址：alkitours.us）。

Winter

Snoqualmie Pass 滑雪区 The Summit

经典玩法
20

白雪皑皑中的赏雪乐

　　尽管看雪最好的地方是雷尼尔山，但天候若不佳，上山的道路就会封闭。因此在冬天拟订雷尼尔山观光行程时，要询问清楚。

　　西雅图热爱滑雪的人最喜欢到 Snoqualmie Pass 滑雪，此地距离西雅图市区约 1.5 小时的车程，有数个滑雪场，最知名的就是 The Summit（网址：summitatsnoqualmie.com）。这里除了滑雪之外，还可玩滑雪板、snow tubing。现场有各种滑雪器材租售，也有学习课程，分等级教授。The Summit 也有数个餐厅，可提供热腾腾的餐点；亦有饭店，提供住宿。

Snoqualmie Pass 的旅游行程，可洽询西雅图观光局服务台，因为前往的路段假如遇到风雪，若出没有经验的人自行开车前往，是非常危险的。

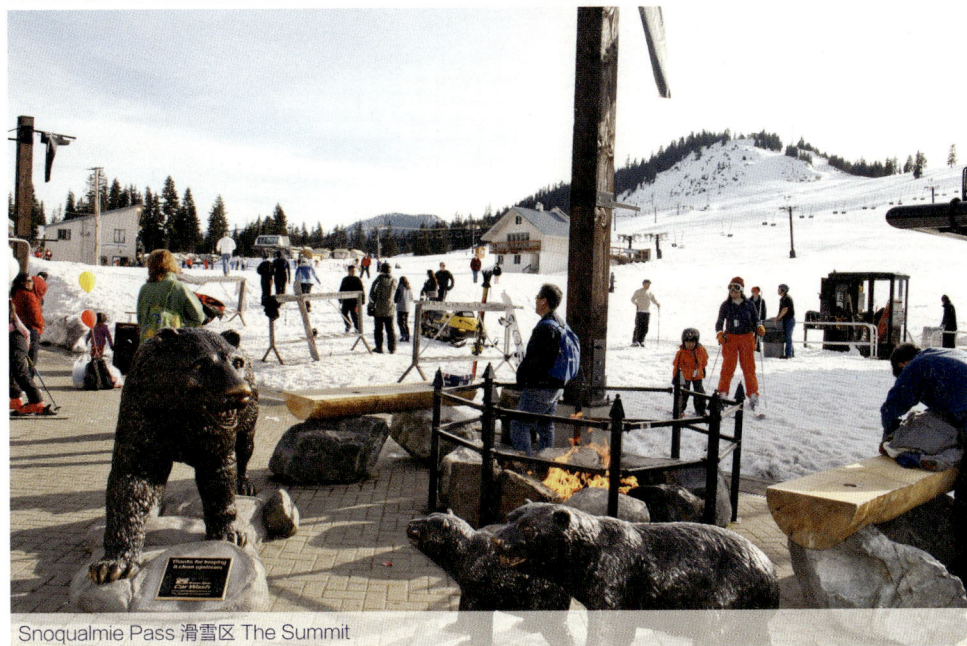

Snoqualmie Pass 滑雪区 The Summit

Winter

番外篇

*More Outstanding Tour
Idear in and out of Seattle*

波特兰市区天际线（Travel Portalnd 提供）

　　若时间和预算许可，建议来西雅图旅游时到华州南方的俄勒冈州旅游。从西雅图到俄勒冈州最大城市波特兰，只需 3～4 小时，无论搭火车或巴士前往都很便利。我个人偏爱搭火车，一来可以欣赏自然风光，二来也无须担心堵车。

　　华州北方的加拿大温哥华和维多利亚港，也是西雅图人喜欢在假期前往的圣地。位于温哥华岛的维多利亚港，矗立着欧式古迹建筑和印地安原住民图腾柱，在自然美景的搭配下，成为了浪漫的滨海城市。而温哥华现代高楼林立，居住着来自世界各地的移民，多元文化的融合，增添了温哥华迷人的风采。

　　本篇还提供亲子旅游和拍照的好地点，也为运动迷列出了在西雅图看运动比赛的日程参考，西雅图的纪念品采购地点不少，而且全世界第一家好市多（位于 4th Avenue South，从市中心搭 131 或 132 路公交车约 20 分钟），可是买维他命的好地方喔！

Max Train

西雅图人最爱的"血拼"地——波特兰

西雅图人喜欢到俄勒冈州的波特兰"血拼",是因为在波特兰购物免消费税(俄勒冈州征收收入税,作为地方收入来源;而华州则征收消费税)。西雅图的消费税将近10%,因此同样价格的商品,到波特兰购买几乎等于打了九折。

西雅图人喜欢到波特兰的另一个原因,在于波特兰注重自然环境的理念和西雅图不谋而合。波特兰固然有"玫瑰城市"的美誉,却更是"绿色城市";在全美的大都会中,波特兰的单车交通网最齐全,每年更举办数百场与单车相关的活动。

Max Train

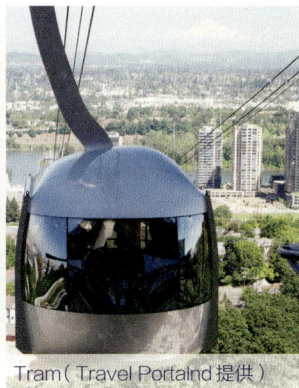

Tram（Travel Portalnd 提供）

　　波特兰也鼓励游客使用大众交通工具旅游，例如畅导利用4T交通网络，即可绕遍整个波特兰地区的著名旅游景点——Trail，从Marquam Nature Park的步道，健行到波特兰市的制高点Council Crest；再穿过俄勒冈卫生科学大学OHSU，去搭Tram（空中缆车，网址：portlandtram.org），从空中观览市景，还可抵达South Waterfront District（网址：southwaterfront.com），看看这个结合休闲和城市发展的新都会区；再由此搭乘Trolley（也就是电车Streetcar，网址：portlandstreetcar.org）到市中心游览；最后搭Max Train（Max轻轨电车，网址：trimet.org/max）即可回到出发地Marquam Nature Park。

　　波特兰还有一个引以为傲的观光景点，就是号称全世界最大的新书和二手书独立书店 Powell's Books（网址：powells.com），曾获选为全美十大最佳书店之一。这家书店成立网站的年代，甚至比亚马逊网站还早，二手书买卖在网络上极为活跃。

　　波特兰的 Pioneer Courthouse Square，是市中心最著名的地标，每年在这里举行的活动不计其数。2010 年夏天我去波特兰，遇上 Pioneer Courthouse Square 举办 Sand in the City，以沙雕活动为流落街头的孩子募款。Pioneer Courthouse Square 附近饭店和商家林立，交通方便，是选择旅游住宿的适宜地点。

Seattle

Pioneer Courthouse Square 附近的 Voodoo Doughnut（网址：voodoodoughnut.com），24 小时营业，全年无休，而且只收现金，不接受刷卡，但因为太受欢迎了，总是得排好久的队，才买得着他们的甜甜圈。有意思的是 Voodoo Doughnut 还提供"甜甜圈婚礼"，而且完全合法。

因为与苏州结为友好市的缘故，波特兰认识了苏州庭园之美，于是"兰苏园"（网址：lansugarden.org）于此诞生，也成为波特兰的主要观光景点之一。

Pioneer Courthouse Square 这里有波特兰观光服务中心（网址：travelportland.com，电话：503-275-8355），服务人员会提供很详细的信息，可以作为参考。

从西雅图到波特兰的车程，为 3 ～ 4 小时，最方便的交通方式是搭 Amtrak 火车；而 Greyhound 巴士（网址：greyhound.com）每天也发数班班车；西雅图近来也有中型 Shuttle Bus 前往波特兰，详情可洽询西雅图会议观光局服务处。

Powell's Books（Travel Portalnd 提供）

Max Train

Pioneer Courthouse Square 举办的沙雕活动

兰苏园有美丽的中式造景花园

波特兰华埠

波特兰观光服务中心

Seattle

155

温哥华 English Bay 的因努伊特石堆（Inukshuk），是著名的观光景点，也是市民喜欢的休憩之处

加拿大——温哥华和维多利亚港

　　从西雅图前往加拿大的维多利亚港和温哥华，交通很方便，但加拿大的签证问题和重新入境美国的签证方式（若想再回美国需要二次验证），务必在出发之前与旅行社确认，以免被拒绝入境，造成旅行的困扰。

　　温哥华和西雅图的关系十分密切，车程约 3 小时。昔日美金增值，西雅图人最喜欢到温哥华购物；今日加币已逼近美金币值，温哥华人常开车来西雅图大采购。2010 年温哥华的冬季奥运，地主国让圣火穿越美加边界，让华州州长克里斯·葛瑞格尔（Chais Gregoire）手持圣火，更见加拿大开阔的胸襟。

　　由西雅图前往温哥华，固然可搭乘飞机，但 Greyhound 巴士价格比机票便宜许多；火车 Amtrak 也非常方便，大约 4 小时即可抵达，而且不会在美加边境因为等着过边境而塞车。

从西雅图到加拿大，会经过位于 Blaine 这个城市的美加边境，在这里每年有将近两百万车子通过边境，出入美国和加拿大。白色的和平拱门（The Peace Arch，简称 The Arch）是这里最著名的地标，拱门的一边是美国，另一边是加拿大。每当车子大排长龙等候通关时，就可以看到民众下车四处走动，到拱门拍照，藉此打发时间。

在此并不赘述有关温哥华的观光景点。

维多利亚港是加拿大卑斯省的首府，和卑斯省的最大城市温哥华，借着 1 个半小时的渡轮联络交通。从西雅图市中心到维多利亚港，最便利的方式是从海岸码头区的 69 号港口搭乘 Victoria Clipper（网址：clippervacations.com，电话：800-888-2535），大约 3 小时即可抵达。美加通关手续，一律在维多利亚 Victoria Clipper 的办事处进行。船上没有座位预订，因此早一点报到，可以优先上船选座位。船上可购买饮食。船只很安全，但因船只较小，怕晕船的人，上船前最好先服用晕船药。

Victoria Clipper

Seattle

位于 Thunderbird Park 的印地安图腾柱

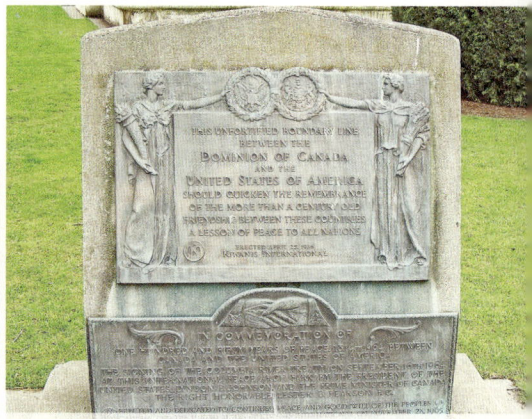
美加两国的边境，从此分隔

The Empress

周日于市中心举办的单车竞赛

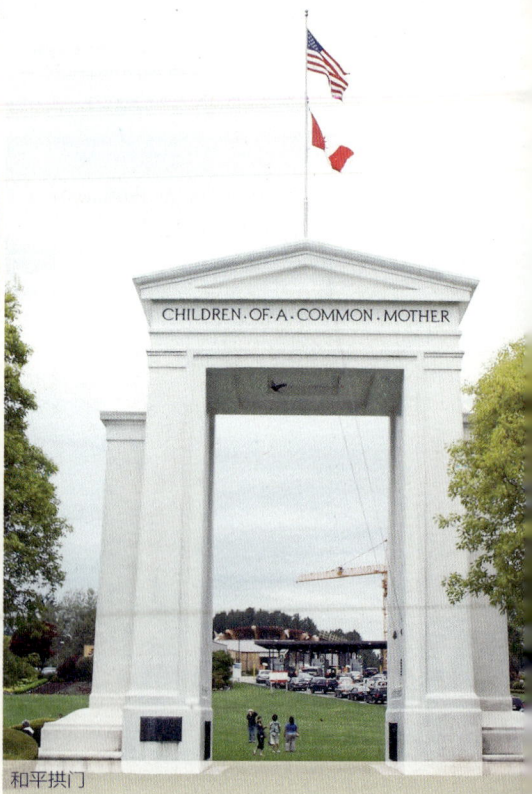
和平拱门

Victoria Clipper 也提供维多利亚港的旅游行程和饭店的预订服务，可在买船票的同时，一并订购。Victoria Clipper 一般建议旅游行程的参加时间，最好在一下船就参加，因为旅游结束后，观光巴士会将游客送到饭店。

有百年历史的布查特花园（The Butchart Gardens，网址：butchartgardens.com），是来维多利亚港一定要造访的景点，特别是著名的下沉花园，若不是有相应的说明，谁也看不出这里曾经是个废弃的石灰石矿坑。

这个以英国维多利亚女王为名的城市，也是太平洋西北地区最古老的城市之一。市中心的商店，许多仍保存着历史的古迹；走在街道上，感觉比西雅图的市中心更有韵味。而且，市中心还会在周日上午封闭主要道路举办单车竞赛，有成人组，也有儿童组，这种正面鼓励骑单车的做法，让我印象格外深刻。

The Fairmont Empress（网址：fairmont.com/empress），是维多利亚港最有名的饭店，这里的英式下午茶很受观光客喜爱，若没有提早订位，很可能享受不到。

维多利亚港的华埠，也是加拿大最早的华埠，从市中心以步行方式即可抵达。这里随处可见印第安的饰品，由此可见此地对于多元文化的尊重和包容。

布查特花园

Seattle

159

只要找到适合的角度，就能在 Kerry Park 拍出可以印制明信片的西雅图市区照片

番外篇

适合拍西雅图夜景之地

　　这个内容是在跟网友 Andy 聊天的时候，从他那里得知的网络信息，我觉得很不错，所以列于书中，有部分的地点前文亦已提过。以下就西雅图的东、西、南、北、中五个方位来介绍（藉此感谢 Andy 对本书的诸多指教）。

东边

　　Water Tower，位于 Volunteer Park（地址：1247 15th Avenue，从市中心可搭公交车 10 路抵达，就在李小龙父子之墓的 Lake View Cemetery 附近），

登上水塔一百零六级阶梯，即可抵达顶端的观景台，被公认为西雅图的免费观景台中视野最佳之处。此外，西雅图艺术博物馆的姐妹馆——西雅图亚洲艺术博物馆（Seattle Asian Art Museum），也在 Volunteer Park。

西边

这里的夜景主要是市中心以及普吉特海湾的海景，从夕阳西下起至夜晚都是拍照的好时间。West Seattle 的 Alki Beach、Waterfront 上的第 66 号码头（有时会因安全考虑而关闭）或是华州渡船，都是照相的好地点。

南边

Dr Jose Rizal Park（地址：1008 12th Avenue South，从市中心可搭公交车 36 路抵达）是市中心南边最好的照相地点，不过此地也是不少没有地方夜宿的游民的游荡之处，如果不是很多人一起来，可以在公园北侧连接中国城的 12th Avenue South 的桥上照相。

北边

Kerry Park、Gas Works Park 和 Space Needle。Kerry Park（地址：1008 12th Avenue South，从市中心可搭公交车 2 或 13 路抵达，于 Queen Anne Avenue North 和 West Highland Drive 交叉口下车）位于 Queen Anne 小区，这个小区有许多美丽的老房子，建筑在斜坡上，因此从 Kerry Park 可拍到角度极佳的西雅图市区景象。不少专业摄影师会来此取景。许多人更喜欢到这里欣赏美丽的夕阳。

市中心

市中心的两栋高楼 Smith Tower（详情可参阅经典玩法 3 的"拓荒者广场"）

Seattle

Kerry Park 也是看夕阳的好地方

和 Columbia Center（地址：701 5th Avenue）也适合俯瞰与拍摄西雅图全景，但因为这两栋大楼是商业大楼，天黑就会关闭。Columbia Center 目前是华州第一高楼，73 楼的观景台于周一至五上午 8：30 至下午 4：30 开放，但有时会因为安全问题而关闭，详情可先打电话询问（电话：206-386-5151）。那里门票是 5 美金，且只收现金。

到西雅图看球赛

比赛种类	队名	球季	信息
棒球	水手队 Mariners	4～9月	✪ 球场：Safeco Field ✪ 地址：1250 First Avenue South ✪ 售票网站：seattle.mariners.mlb.com ✪ 活动：球场没有比赛时，提供球场参观，酌收费用，可至网站查寻 Safeco Field Tour 即可获得即时信息
橄榄球	海鹰队 Seahawks	10～来年1月	✪ 球场：CenturyLink Field ✪ 地址：800 Occidental Avenue S ✪ 售票网站：seahawks.com ✪ 活动：开赛三小时之前，于球场相邻的 Exhibition Center 举办免费的 Touchdown City 活动，包括彩绘、游戏等
足球	Sounders	3～10月	✪ 球场：CenturyLink Field ✪ 地址：800 Occidental Avenue S ✪ 售票网站：soundersfc.com ✪ 活动：开赛前1个半小时，球场中举办彩绘、游戏等活动；每月举办球员签名
女子篮球	Storm	5月中～9月中	✪ 球场：Keya Arena ✪ 地点：Seattle Center ✪ 售票网站：wnba.com/storm/ ✪ 活动：开赛半小时之前，可至球场前方座位观看球员暖身；球赛结束后，十六岁以下的球迷可至球场射球一次
冰上曲棍球	Thunderbirds	9～来年3月	球场：ShoWare Center 地址：625 W James Street Kent 售票网站：seattlethunderbirds 活动：赛中会以游戏方式，赠送球迷纪念品
女子竞速滑轮	Rat City Rollergirls	1～7月每月一场	球场：Key Arena 地点：Seattle Center 售票网站：ratcityrollergirls.com 活动：暂无
华大橄榄球	Huskies	9～11月	球场：Husky Stadium 地点：华大 售票网站：gohuskies.com 活动：无

Seattle

西雅图的亲子旅游建议

✪ 西雅图水族馆: 位于海岸码头区。

✪ Woodland Park Zoo (网址: zoo.org): 南区入口地址是 750 N. 50th Street, 西区路口地址是 5500 Phinney Avenue N。可从市中心搭乘公交车 5 路抵达, 于 North 55th Street 和 Phinney Avenue North 交叉口下车 (可告知公交车驾驶要到 Zoo)。

✪ Children' Mesuem 和 Pacific Science Center: 位于西雅图中心, 前者适合中低年级以下的小朋友, 而喜欢科学的各种年纪孩子一定会喜欢后者。

✪ 市中心的西雅图公立图书馆: 位于 1000 4th Avenue, 1 楼的儿童图书室和计算机让爱书的孩子流连忘返。

✪ 到派克市场看飞鱼。

✪ 搭 Ride the Ducks 看船屋。

✪ 到 Ballard Locks 或 Issaquah 看鲑鱼洄流 (详情可参阅经典玩法 13)。

✪ 参观 Theo 巧克力工厂 (Theo 位于 Fremont 详情可参阅经典玩法 8, Theo 的地点可见 79 页地图)。

✪ 微软访客中心。

✪ 市中心的 Gameworks: 位于 7th Avenue 和 Pike Street 的交叉口, 是青少年和儿童喜爱的电动游戏娱乐中心。

亲子游

Made in Washington

到哪里买西雅图纪念品

✪ Westlake Center 购物中心里的 Made in Washington（网址：madeinwashington. com）：这家店里贩卖的，都是华州制造的产品，从食物、艺术品到棒球、橄榄球等运动纪念品，琳琅满目，只要来一趟，即可在此一次购足。玻璃艺品、Aplets and Cotlets（以华州出产的苹果和杏仁，加上核桃制成的小块甜点，外裹糖粉）、熏烤鲑鱼（真空包装）、Fran's Cocolate（这里的 Gray Salt Caramels 是美国总统奥巴马在西雅图最喜爱的巧克力），都是美国西北的特产。除了 Fran's Cocolate 之外，Seattle Chocolates、Theo Chocolate 也都是西雅图的巧克力公司。

✪ 派克市场和周边的纪念品商店：除了专为观光客设计的纪念品之外，星巴克

Seattle

9月的周年庆美人鱼咖啡包装和 VIA 速溶咖啡，也是很好的选择。

✪ 梅西百货公司贩卖的 Frango Cocolate，因为包装精致，是西雅图人喜欢的送礼选择，薄荷风味的 Cocolate 是 Frango 的畅销巧克力。

✪ 药妆店：市中心的药妆店如 Bartell（地址：1404 3rd Avenue）是源自西雅图的药妆店，常能以平价买到观光纪念品，因此有机会应该来逛逛。我曾在这里以特价买到一只印满西雅图地标的茶杯和茶壶，结果太喜欢了，所以决定自己留下来。这里也卖 Seattle Chocolates 和 Theo Chocolate，但包装量较小，价钱也比较便宜。

可爱的西雅图观光茶壶

Bartell 是西雅图当地的药妆店，可买到价格合理的观光纪念品